Wolfgang Junglas

WEIN ORTE im Rheingau

ENTDECKEN ~ ENTSPANNEN ~ ENTKORKEN

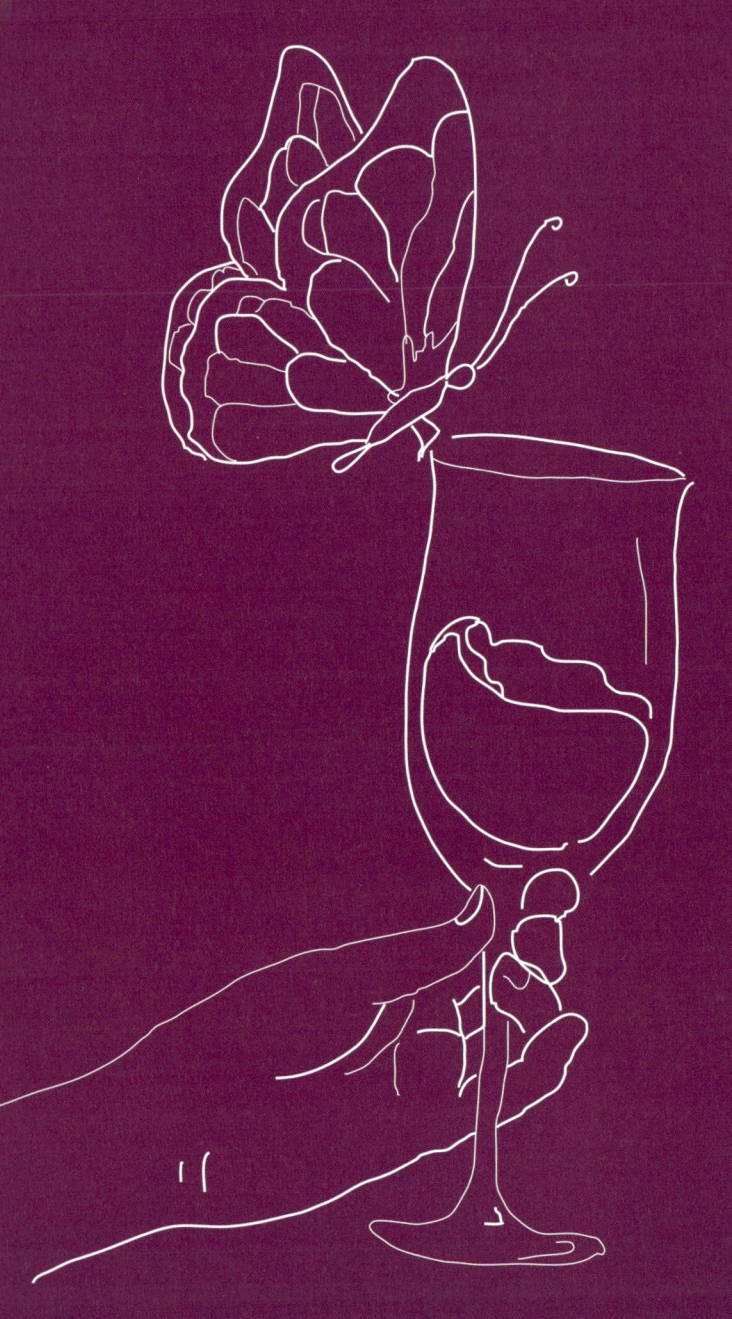

Liebe Genusssuchende,

seit 1980 wohne ich im Rheingau – und habe hier mein Glück gefunden! Schon als junger Student war ich fasziniert von der Lebenseinstellung der Genussmenschen in diesem wunderschönen Landstrich: Sie sitzen mit Kind und Kegel beisammen in lauschigen Gärten oder gemütlichen Stuben, trinken Wein und essen dazu passende kleine Speisen. Glück in geselliger Runde. Der Weinbau prägt die Landschaft und die Menschen – die Rheingauer leben gerne mit dem Jahresrhythmus: vom Rebschnitt im Frühling über die Rebblüte hin zu den Laubarbeiten im Sommer, von der Weinlese im Herbst bis zur Winterruhe in den Rebzeilen.

Als erfahrener Weinjournalist und Weinverkoster empfehle ich in diesem Buch besonders die Weingüter, die über Jahrzehnte herausragende Weinqualitäten auf Weltniveau und zudem Weinerlebnisse für die Gäste bieten. Und ich möchte die Neugierde wecken auf unzählige Glücksorte im Dunstkreis des Weines. Vielleicht sehen wir uns mal bei einem Glas Wein an einem Weinprobierstand oder in einer Straußwirtschaft – das wäre auch für mich ein Stück vom Glück!

Herzlich Ihr Wolfgang Junglas

WEINORTE

im Rheingau

WEINORTE

im Rheingau

Chillen im Liegestuhl

Weinstrand Rüdesheim

Wer in Rüdesheim auf dem Leinpfad entlang der fast einen Kilometer langen Platanenallee am Rhein spaziert, kann der Versuchung kaum widerstehen: Im gepflegten Hafenpark mit seinen großen Bäumen locken Liegestühle auf der Wiese. Entspannte Menschen sitzen bei einem Glas Wein zusammen und genießen den Tag mit Lounge-Musik. Der Hafenpark wurde im Stil eines englischen Landschaftsparks auf einer ehemaligen Rheininsel angelegt – auch heute noch ein ganz besonderer Ort. Die Gäste sitzen etwas erhöht auf Stühlen an Tischen und schauen auf den mächtigen Strom über die Rüdesheimer Aue hinweg zur Rochuskapelle in Bingen. An den Schiffsanlegern herrscht ein geschäftiges Treiben – aus dem Liegestuhl beobachtet man es gelassen. Am Holzstand gilt Selbstbedienung.

Der Weinstrandbetreiber und Rheingauer Marcus Pretzel legt bei der Weinauswahl großen Wert auf Qualität. Die erste Garnitur der Rüdesheimer Winzer wie Georg Breuer, Bischöfliches Weingut und Thilo Strieth sind vertreten. Wenn Weingüter aus anderen Orten auf der Weinkarte stehen, bieten sie Weine aus Rüdesheimer Lagen an, zum Beispiel das Weingut Künstler mit einem Riesling aus der Lage Berg Rottland. Der Spätburgunder von Robert König kommt aus dem Rotwein-Hotspot Assmannshausen, den Sekt liefert die renommierte Rüdesheimer Sektkellerei Ohlig. Auch bei den Snacks zum Wein setzt der umtriebige Rheingauer Marcus Pretzel auf regionale Anbieter: Salate im Glas von Engmanns, Wurst im Glas von Bach, Wildbratwurst vom heimischen Wild. Für die Snacks stehen kleine Tische aus Holzweinkisten bereit. Streusel- und Obstkuchen versüßen den Nachmittag.

Die Open-Air-Location ist ein beliebter Treffpunkt in Rüdesheim und es ist immer was los. Manchmal lädt eine Besuchergruppe zu einem spontanen Platzkonzert ein, ein andermal spielen Rheingauer Bands ein Benefizkonzert für einen guten Zweck, und am 6. Dezember schaut der Nikolaus vorbei. Im Sommer schützt ein großes Sonnensegel vor der Sonne, im Winter ist es unter den Bäumen nicht ganz so kalt – zudem wärmt dann der Glühwein.

TIPP
Cocktail „Strandspritzer":
alkoholfreier Wein vom
Rüdesheimer Weingut Carl Jung
auf Eis mit Limette.

Weinstrand
Höhe Anleger Nr. 6
65385 Rüdesheim
Tel. (01 60) 93 97 03 40
www.weinstrand.de

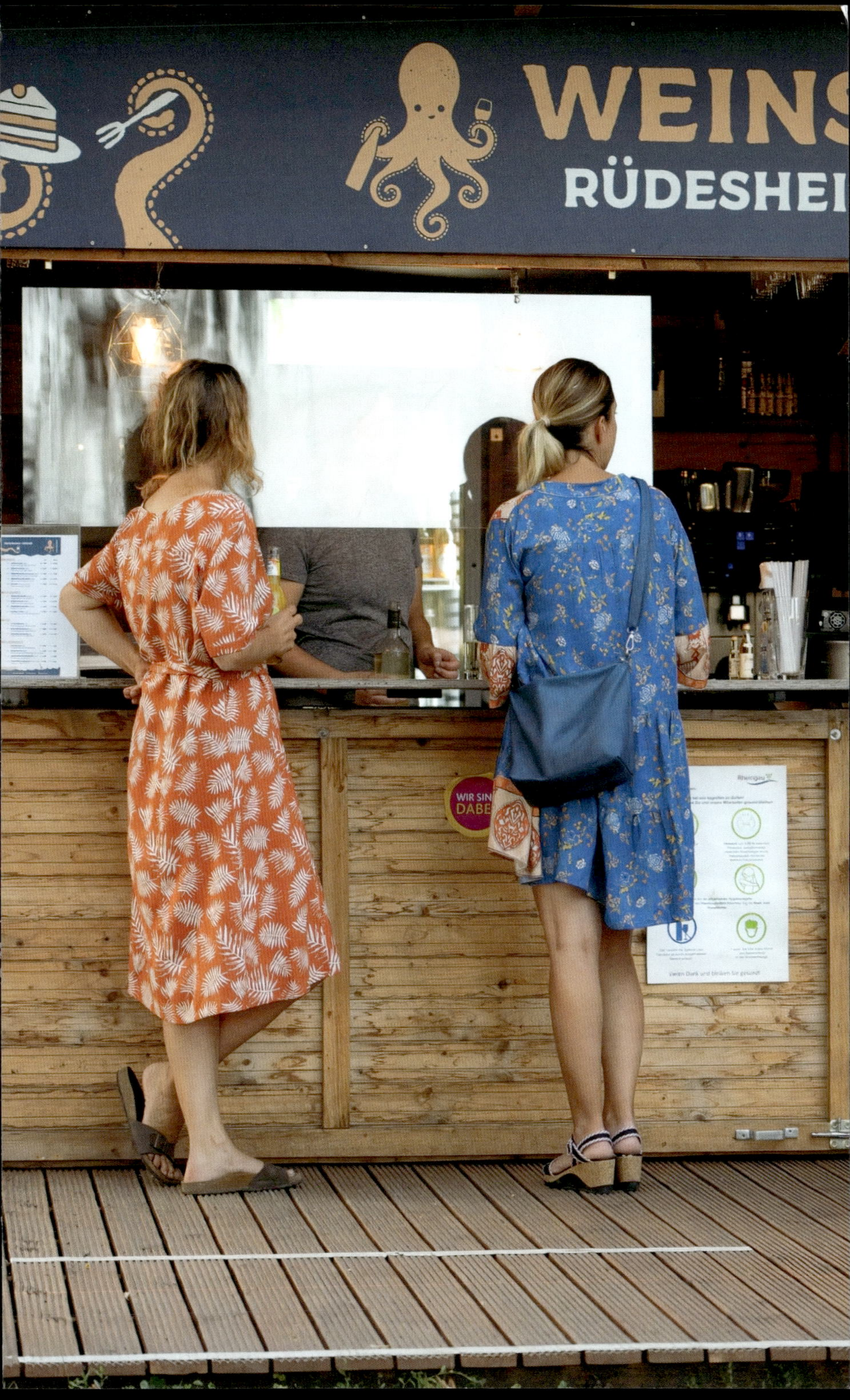
WEINS
RÜDESHEI
WIR SIN
DABE
Vielen Dank und bleiben Sie gesund!

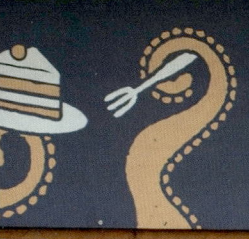

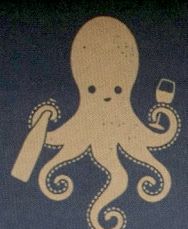

Kuscheln im Fass

Übernachten im Rheingau 524 in Geisenheim

So ein Weinfass kann schon mal über 1000 Liter groß sein. Im Rheingau sind sie allgegenwärtig: An den Weinprobierfässern entlang des Rheins sitzen Weingenießer in gemütlichen Holzfässern und stoßen mit Freunden an.

Wer eine kuschelige Übernachtungsgelegenheit sucht, findet in Geisenheim direkt am Rheinufer einen Campingpark mit Schlummerfässern. Für Romantiker ohne eigenen Wohnwagen, Wohnmobil oder Zelt bieten die Holzfässer aus Lärchenholz eine heimelige Herberge. Die Schlaffässer sind historischen Weinfässern nachempfunden und in verschiedenen Größen verfügbar. Zusätzlich zum Doppelbett lassen sich zwei Sitzbänke zu Einzelbetten umklappen. Wie ein kleines Hobbit-Ferienhaus: Am Eingang gibt es eine Tür mit Vordach, an der Rückseite ein Fenster. In der Schlafeinheit können zwei bis vier Personen übernachten. Heizung, Beleuchtung und Strom sind natürlich vorhanden. Zu dem kleinen Weinfassdorf mit insgesamt 30 Objekten gehören separate Dusch- und Toilettenanlagen. Optional können statt der Gemeinschaftsanlage Privatbäder gebucht werden.

Patronin Julia Lange hatte die Idee zu dieser im Rheingau einmaligen Anlage: Die begeisterte Camperin hatte Schlaffässer an der Mosel entdeckt und dachte sich: „Das will ich auch!". Der Name war durch den Flusskilometer, auf dessen Höhe der Platz liegt, schnell gefunden.

Neben den kompakten Weinfässern gibt es noch bezaubernde Schlummerfässer, kuschelige Camping-Pods zum „Rheinschlafen", aber auch größere Schäfer- und Trekkinghütten: alle aus Holz gebaut. „In den Fässern riecht es auch so angenehm nach Holz!", berichten die Gäste. In dieser Umgebung kommt Hüttenflair wie in den Bergen auf. Die runde Form vermittelt darüber hinaus Geborgenheit – man schläft wie in Abrahams Schoß.

Der Clou der Anlage ist die Nähe zum Rhein, und vor jedem Fass steht eine Sitzmöglichkeit bereit. Bei einem Glas Rheingauer Riesling genießen die Gäste den Sonnenuntergang am Fluss – eine ganz besondere Abendstimmung breitet sich dann aus. Und Wein schmeckt ja ohnehin dort am besten, wo er wächst.

TIPP
Fahrradtour am Fluss entlang: In Winkel mit der Fähre übersetzen, zurück mit der Fähre nach Rüdesheim.

Rheingau 524 Camping
Campingplatz 1
65366 Geisenheim
www.rheingau524.de

Schlenderweinprobe im Kloster

Kloster Eberbach in Eltville

Jahrhundertealte alte Weinkeltern im Laienrefektorium, mit Kerzen beleuchtete „Steinberger" Holzfässer im Cabinetkeller, große Holzfässer in einem Kirchenschiff-ähnlichen Hospitalkeller: Wer jahrhundertealte Weingeschichte fühlen und Weinkellerpilz riechen will, ist in Kloster Eberbach genau richtig. Im 12. Jahrhundert begannen die Zisterzienser hier mit dem Weinbau: Der Weinberg Hattenheimer Steinberg ist eine der berühmtesten Weinlagen und wurde von den Mönchen nach der Klostergründung 1136 angelegt.

Und wie nähert sich der neugierige Besucher einem der bedeutendsten europäischen Weindenkmäler? Zum einen lohnt sich ein Besuch in der Vinothek, und mit einem Glas Riesling oder Spätburgunder in der Hand kann man in aller Ruhe etwas erhöht die komplexe Anlage einfach auf sich wirken lassen. Einfühlsame Besucher wandern erst mal auf dem rund 3 Kilometer langen Klosterrundweg einmal um die Anlage herum: Zu bestimmten Terminen wird die Wanderung mit Käse- und Weinverkostung angeboten. Ungeduldige Gäste steuern zielgerichtet den Eingang an und begeben sich auf den weitläufigen Rundgang durch die Innenräume der verschiedenen Gebäude: die mächtige Basilika, in der Konzerte des Rheingau Musik Festivals ebenso stattfinden wie die Erntedankfeier der Winzer; das Dormitorium, der Schlafraum der Mönche, in dem die Innenaufnahmen für den Film „Im Namen der Rose" mit Sean Connery gedreht wurden; oder der Kreuzgang, der eine ganz eigene Stimmung ausstrahlt. Genießer ziehen es vor, den Gang durch die Weingeschichte bei einer Schlenderweinprobe mit einem Glas Wein in der Hand zu erleben. Hungrige Weintouristen finden in der Klosterschänke leckere Gerichte zum Wein. Kinder vergnügen sich auf dem Outdoorspielplatz „Hortus Ludi" oder nehmen an der Führung „Abenteuer Kloster & Wald" teil. Und wer Zeit hat, gönnt sich die zweistündige Weinbergswanderung durch den altehrwürdigen Steinberg entlang der historischen Steinmauer. Das ganze Jahr über bietet das einzigartige Monument der Weingeschichte anregende Events rund um den Wein.

TIPP
Steinberger Tafelrunde im Juli: Musik, Vesper und Wein an der längsten Tafel der Welt.

Kloster Eberbach
65346 Eltville
Tel. (0 67 23) 91 78-100
www.kloster-eberbach.de

Piratenbude am Fluss

Beachrestaurant Allendorf am Rhein

Die Füße spielen im Strandsand, die Kinder klettern im Piratenhaus, Oma schlürft Austern im Strandkorb und genießt einen Sekt dazu: Allendorf am Rhein bietet kulinarische Kurzweil wie im Kult-Restaurant Sansibar auf Sylt – aber Hunderte Kilometer entfernt am romantischen Rhein! Bis vor wenigen Jahren war auf dem rund 3000 Quadratmeter großen Areal eine Kiesverladestation untergebracht – jetzt legen keine Frachtschiffe mehr an, sondern Hotelschiffe.

Das Thema „Wein und Fisch" spielt die Winzerfamilie Allendorf hier am Rheinufer mit maritimer Konsequenz: Bei der Dekoration dominieren die Farben Blau und Weiß, das Tagesgericht heißt „Catch of the Day", die Fischbrötchen wechseln täglich, es werden leckere „Kibbeling & Pommes" (eine Art Fish & Chips) gereicht. Die Speise- und Getränkekarte ist angenehm überschaubar – aber ansprechend. Die Weinkarte konzentriert sich auf das Wesentliche: hochwertige Rieslinge und Spätburgunder vom ortsansässigen Familienweingut Allendorf. Die Weine werden in einschlägigen Führern sehr gut bewertet. Das Geschmacksprofil der Weine orientiert sich an den Kundenwünschen. Aber Wein & Fisch ist kein Muss: Es gibt auch Bier und vegetarische Gerichte. Der jugendliche Service ist schnell und unkompliziert. Die entspannten Gäste sitzen in Liegestühlen, in Strandkörben, an überdachten Tischen, auf Holzbänken am Rhein oder stehen an Weinfässern. Beim Genuss eines Glases Sekt oder Aperol Spritz schweift der Blick über Boote im Rhein zu einer kleinen Insel. Atmosphärisch schwankt die Stimmung zwischen After-Work-Relaxing und Kurzurlaub. Die jungen Gäste spielen im Strandsand, im Wasserspielplatz oder erproben sich an der Kletterwand. Sicherheit geht vor: Die beiden Container für Küche und Bar können bei Hochwasser entfernt werden. Der Fahrradweg auf dem Leinpfad führt direkt an der Location vorbei – perfekt für eine leckere Pause. Im Rheingau ist die Auswahl an Gastronomie am Wasser nicht sehr groß – deshalb freuen sich Besucher umso mehr über dieses Angebot.

TIPP
Übernachtungsmöglichkeit „Loft am Rhein" mit Weinfass-Sauna auf dem Dach.

Allendorf am Rhein
Alte Kiesverladestelle
B42 65375 Oestrich-Winkel
Tel. (0 67 23) 6 04 41 20
www.allendorf-amrhein.de

Romantik pur erleben

Das historische Brentano-Haus in Winkel

Besuch im romantischen Zauberland: Die Besucher betreten das Gelände über die Gartenseite und fühlen sich sogleich 200 Jahre zurückversetzt in die Zeit der Romantik. Der Hof gleicht einer toskanischen Piazza, der hölzerne Balkon erinnert an Romeo und Julia, in dem weitläufigen Garten mit Weinreben und alten Bäumen lässt sich Rheinromantik unmittelbar erfühlen. 1806 erwarben die Brüder Franz und Georg Brentano das 1751 erbaute Anwesen als Ferienhaus und bewohnten es während des Sommerhalbjahres. Dank der Dichtergeschwister Bettina von Arnim und Clemens Brentano entwickelte sich das Rheingauer Domizil zu einem Hotspot der Rheinromantik: Dichterfürst Johann Wolfgang von Goethe, die Märchenbrüder Grimm und Freiherr vom und zum Stein gehörten zu den Gästen. Der Charme des Brentano-Hauses zeigt sich in den einzigartigen original erhaltenen und liebevoll restaurierten Räumen, darunter der große Salon und die beiden Zimmer, in denen Goethe 1814 während seines Besuches bei der Familie Brentano gewohnt hat. Dieser besondere Glücksort hat sich über 200 Jahre seine besondere Aura bewahrt.

Seit 2014 gehört das Anwesen dem Land Hessen – der Originalzustand wird seitdem sorgfältig restauriert. Ob Tapeten, Vorhänge oder Mobiliar: Bis ins Detail sichern die Restauratoren die Einrichtung des einzigartigen Wohnhauses und stellen es wieder so her, wie es beim Besuch Goethes gewesen ist. Die Trägergesellschaft bietet auch während der Sanierungsphase Führungen an. Wenn man ein wenig Glück hat, wird man sogar von der ehemaligen Hausherrin Angela von Brentano fachkundig und anekdotenreich geführt. Nach dem Rundgang durch das Haus lohnt ein Besuch in der Gastronomie. Bei einem Glas „Goethewein", der aus den Riesling-Rebstöcken auf dem Gartengelände gelesen wird, und den leckeren Speisen des Restaurants „Allendorf im Brentanohaus", lässt man den Besuch perfekt ausklingen – am besten unter den Bäumen auf der runden Empore. Im Museumsshop findet sich die passende Literatur zur Rheinromantik.

TIPP
Von Mai bis Oktober finden im Badehaus Veranstaltungen des Freundeskreises zum Thema Romantik statt.

Brentano-Haus
Am Lindenplatz 2
65375 Oestrich-Winkel
Tel. (0 67 23) 6 01 28 06
www.brentano-haus.de

Warum ist es am Rhein so romantisch?

Ja, warum eigentlich? Eine moderne Marketingstrategie? Keinesfalls – die **Rheinromantik** ist keine neuzeitliche Erfindung: Die raue Schönheit der Landschaft mit zahlreichen Burgen aus dem Mittelalter entsprach dem romantischen Ideal verträumter Maler, Dichter und Musiker Ende des 18. Jahrhunderts. Kaum eine Region in Deutschland wurde so oft besungen und gemalt wie das romantische Rheintal. Schon 1783 lobte der bekannte Reisejournalist Johann Kaspar Riesbeck die Schönheit der Landschaft und den Wein aus Johannisberg als „einen der edelsten Rheinweine".

„Ich weiß nicht, was soll es bedeuten ..."

Und wer hat nun die **Loreley** erfunden? Ein Märchen aus uralten Zeiten? Wohl nicht: Clemens Brentano schrieb 1801 in seinem Roman „Godwi" das berühmte Gedicht „Zu Bacharach am Rheine", in dem er erstmals von der schönen, aber traurigen Zauberin „Lore Lay" spricht. „Ich weiß nicht, was soll es bedeuten ..." Heinrich Heine griff 1824 das Thema auf und schrieb sein berühmtes Loreley-Gedicht, das Lied mit der Melodie von Friedrich Silcher von 1837 gilt als vollkommener Ausdruck der Rheinromantik. Fast jeder japanische Rheintourist kann heute textsicher mitsingen.

Am Rhein schätzten die Romantiker das **Unverfälschte und Ursprüngliche.** Der englische Landschaftsmaler William Turner malte auf seiner Rheinreise, was das Publikum sehen wollte: Raue und wilde Rheinlandschaft mit einsamen Burgruinen auf steilen Bergen. Weitere Engländer wie Lord Byron reisten im Zuge der neuen Rheinbegeisterung an den großen Strom. Dank des regelmäßigen Dampfschiffverkehrs sollen es Mitte des 19. Jahrhunderts jährlich schon eine Million Menschen gewesen sein, die an Bord eines Schiffes den Fluss entlang schipperten. Schiffsfahrten auf dem Rhein sind nach wie vor sehr beliebt – die Rheinromantik ist heute noch überall lebendig. 2002 wurde die **Kulturlandschaft Oberes Mittelrheintal** von Rüdesheim bis Koblenz in die Liste des Weltkulturerbes der UNESCO aufgenommen.

2029 findet hier die Bundesgartenschau statt – die Landschaft wird herausgeputzt. Zeitgenössische Künstler wie der Rheingauer Maler Michael Apitz greifen das Thema Rheinromantik in modernen Landschaftsbildern auf. Im Hotel Kloster Eberbach hängen in der Apitz-Galerie seine aktuellen Werke mit eindrucksvollen Weinbergsbildern.

An vielen Orten im Rheingau finden Besucher **Monumente der Romantik.** Das Brentano-Haus in Winkel, in dem die Familie ab 1806 wohnte, vermittelt einen nachhaltigen Eindruck davon, wie die Romantiker damals lebten. In Winkel auf dem Friedhof an der Kirche liegt die Romantik-Dichterin Karoline von Günderrode begraben, die sich am Rheinufer 1806 das Leben nahm. Zum romantischen Ensemble im Rheingau gehören auch die Ruine der um 1211 erbauten Hangburg Burg Ehrenfels gegenüber des Binger Mäuseturms und die Brömserburg in Rüdesheim aus dem 11. Jahrhundert. Gäste waren hier unter anderem Johann Wolfgang von Goethe, Heinrich Heine, Carl Maria von Weber und Felix Mendelssohn-Bartholdi – heute beherbergt sie das Rheingauer Weinmuseum. Die Boosenburg in Rüdesheim ist Sitz der Weinkellerei Carl Jung.

Wesentlich jünger, aber typisch für die Romantik ist Burg Schwarzenstein in Johannisberg. In der neogotischen künstlichen Burgruine mit wunderschönem Park und Gourmetrestaurant heiraten sehr gerne verliebte Paare. Von der Terrasse bietet sich ein spektakulärer Blick auf das Rheintal. Überhaupt ist der Rheingau sehr beliebt für Hochzeiten: Viele **romantische Locations** stehen zur Verfügung. Der Dreiklang aus schöner Landschaft, herzlicher Gastfreundschaft mit gutem Wein und leckerem Essen ist perfekt für Familienfeste!

6

Schweizer Käse im Rheingau

Weingut Kaufmann in Hattenheim

Was haben Käse und Wein gemeinsam? Die Sorgfalt, die Reife, beides sind Naturprodukte ... und im Weingut Kaufmann bilden Käse und Wein ein sinnliches Duett! Der Käsemeister Urban Kaufmann war ein erfolgreicher Produzent von Appenzeller Käse in der Schweiz. Aber er träumte davon, ein Weingut zu führen. Eva Raps aus Franken hat zehn Jahre lang als Geschäftsführerin für den VDP, den Verband Deutscher Prädikatsweingüter, gearbeitet und träumte auch von einem Weingut. So wurden die beiden ein Paar und leiten seit 2013 ihr eigenes Weingut. Manchmal wird in Hattenheim die Schweizer Flagge gehisst – weißes Kreuz auf rotem Grund. Und ein knackiges Rot ist auch die Leitfarbe des Weingutes. Alle Flaschen werden rot etikettiert – mit zarten weißen Kreuzlinien. Kraftvolle Rieslinge und großartige Pinot Noirs produzieren Urban und Eva. Seit 2017 ist der Betrieb Demeter-zertifiziert: das heißt, der Wein wird biodynamisch angebaut. Die Biowinzer Urban und Eva setzen biologische Dünger wie Hornkiesel und Hornmist ein. Die Abwehrkräfte der Reben stärken sie mit Pflanzenextrakten und Kräutertees, zum Beispiel mit Ackerschachtelhalm- und Brennnesseltee. Die Philosophie dahinter: Die Weinmacher versuchen, „in die Reben hineinzuhorchen". Der Käsemeister baut den Wein genauso akribisch aus wie früher seinen Appenzeller – auch wenn er mittlerweile gelernt hat, dass Wein mehr Freiheit braucht als Käse.

Sehr heimelig wird es im November: Von außen sieht man in der Vinothek glückliche Menschen beim Käsefondue sitzen. Die Fondueabende sind legendär: Zur Begrüßung gibt es einen typischen Swiss Apéro mit Sekt und Schinkenspezialitäten. Vier Käsesorten, vermischt mit einem trockenen Riesling, gehören zum original Schweizer Fondue. Die Gäste bedienen sich selbst bei den Zutaten und rühren den Käse, bis er schmilzt. Dazu gibt es Wein, häufig von befreundeten Weingütern. Ein Dessert rundet das kulinarische Erlebnis ab. Glückliche Menschen mit roten Wangen verlassen nach dem Fondueabend beseelt das Weingut.

TIPP
Picknick to go: Im Weingut einen gekühlten Wein mit Leckereien abholen und am nahen Rhein genießen.

Weingut Kaufmann
Rheinallee 6, 65347 Eltville
Tel. (0 67 23) 24 75
www.kaufmann-weingut.de

Urlaub im Wein-Palmengarten
Gutsschänke Corvers-Kauter in Winkel

Das klassische Rheingauer Weingut ist ein Familienbetrieb – die Familie Corvers ist dafür das beste Beispiel. Matthias und Brigitte brachten in ihre Ehe jeweils ein Weingut mit 250-jähriger Tradition ein. Zusammen mit ihren Kindern sind die vier Mitglieder der Familie für unterschiedliche Bereiche zuständig und ergänzen sich prächtig: Matthias und Sohn Philipp bauen den Wein aus, Brigitte und Tochter Patricia sind für den kulinarischen Bereich der Gutsschänke verantwortlich. Die hervorragenden Weine probieren alle gemeinsam.

Mit der Übernahme von 15 Hektar Weinbergen des renommierten Weingutes Langwerth von Simmern in Eltville ist dem ohnehin in der Rheingauer Qualitätsspitze angesiedelten Betrieb ein Quantensprung gelungen. Zu den bereits vorhandenen 15 Hektar beste Lagen in Oestrich, Mittelheim, Winkel, Rüdesheim und Assmannshausen kamen Toplagen in Rauenthal und Eltville hinzu. Die hochwertigen Rieslinge aus den Rüdesheimer Berglagen Roseneck, Rottland und Schlossberg sind terroirgeprägte, sehr individuelle Weine mit klaren, feinsten Aromen und einer umwerfenden Fülle. Die komplette Riesling-Kollektion ist geprägt vom besonderen Weinguts-Charakter. Auch die Rotweine faszinieren: Sowohl die Pinot Noirs vom Rüdesheimer Drachenstein als auch vom Assmannshäuser Höllenberg überzeugen durch eine gelungene Balance zwischen Tanninen und Fruchtaromen.

Die Küchenleistung steht den Weinen in nichts nach: Brigitte Corvers hat über die Jahre eine sehr originelle Landküche mit mediterranen Akzenten und Anleihen bei Slowfood entwickelt. Die Kombination von regionalen Produkten mit neuen Kräuter- und Gewürzkombinationen ist ein immerwährender Prozess mit überraschenden Höhepunkten. Im Mittelpunkt stehen die Klarheit des Produkts und der gute Geschmack.

Ein ganz besonderer Ort ist der lauschige „Palmengarten": sehr grün und gut beschattet – hier genießt man die leckeren Kreationen ländlicher Kochkunst. Bei kühler Witterung sitzen die Gäste gemütlich im 200 Jahre alten Gutshaus. Die Gutsschänke ist von Anfang April bis Ende Oktober geöffnet.

TIPP
Gänseessen in vier Gängen an festlich gedeckter Tafel mit korrespondierenden Weinen im November.

Weingut Corvers-Kauter
Rheingaustraße 129
65375 Oestrich-Winkel
Tel. (0 67 23) 26 14
www.corvers-kauter.de

Das Glück des Weitblicks

Schwarzes Häuschen in Hattenheim

Es gibt kleine, stille Orte, die im Grunde nichts Besonderes sind: ein paar Tische am Weg, ein altes, kleines Häuschen, das an eine Kapelle erinnert, ein schöner Blick in das Rheintal. Aber trotzdem faszinieren uns diese Orte, vielleicht gerade, weil sie so einfach sind. Genau so eine Stelle im Weinberg erreichen Besucher, wenn sie an der Domäne Steinberg der Hessischen Staatsweingüter vorbei durch ein schmiedeeisernes Tor den historischen Steinberg betreten. Der komplett mit einer 3 Kilometer langen Bruchsteinmauer umgebene Weinberg galt als der Lieblingsweinberg der Zisterzienser-Mönche von Kloster Eberbach. Gleich links befindet sich das kleine Schwarze Häuschen. Ursprünglich nutzte der Verwalter das schiefergedeckte, pavillonähnliche Gebäude, um die Arbeiten im Weinberg zu koordinieren. Mitte der 90er-Jahre richtete die Familie Pfaff dann einen einfachen Weinausschank ein, seit 2013 betreibt sie die P 5 Gastronomie. Carsten Pfaff leitet heute noch die Domäne Steinberg.

Von April bis Oktober werden im Schwarzen Häuschen von Freitag bis Sonntag die hochbewerteten Weine der Hessischen Staatsweingüter Kloster Eberbach ausgeschenkt. Dazu gibt es einfache Gerichte, Käse und Wurst passend zum Wein. Sehr lecker ist auch das Kuchenangebot. Auf der Weinkarte von Deutschlands größtem Weingut stehen vor allem Rieslinge, aber auch Grauburgunder, Chardonnay und Spätburgunder. Besonders beliebt ist der Steinberger Riesling Spätlese „Mauerwein" – gekeltert aus den Trauben der Rebstöcke, auf die man schaut. Besonders Wanderer und Fahrradfahrer kehren gerne hier ein, setzen sich in die Liegestühle und genießen entspannt mit einem Glas Wein in der Hand den grandiosen Blick. Vielleicht fühlen sie sich durch die Mauern besonders geschützt – es ist auf jeden Fall ein klassischer Wohlfühlort. Weinenthusiasten besuchen gerne den nur wenige Hundert Meter entfernten Steinbergkeller der Domäne: einer der modernsten Weinkeller Europas. Die einstündige Führung mit der Verkostung von drei Weinen lohnt sich.

TIPP
Rebstockpatenschaft im Steinberg: mit Namensschild am Stock, Urkunde und einer Flasche Wein.

Schwarzes Häuschen
Domäne Steinberg
65346 Eltville
Tel. (0 61 23) 9 99 70 65
www.kloster-eberbach.de

Die Sinfonie des Weines

Rheingau Musik Festival

Weinliebhabern erscheint ein perfekter Wein wie Musik auf dem Gaumen, manche Winzer beschallen ihre Weinfässer mit Musik von Beethoven: Wein und Musik gehören zusammen! Die perfekten Spielstätten für diese geniale Kombination sind die schönsten Orte im Rheingau wie Schloss Johannisberg, Kloster Eberbach, Schloss Vollrads und viele andere: Hier erklingt niveauvolle Musik und die Besucher genießen dazu hochwertigen Wein. Stars der Klassik wie Anne-Sophie Mutter, Jonas Kaufmann und Igor Levit treten hier gerne auf – in den Anfangsjahren engagierten sich Legenden wie Justus Frantz und Leonard Bernstein für das junge Festival. Heute bieten über 170 Events von Jazz-Veranstaltungen und Nachwuchskonzerten bis hin zu Auftritten von Comedians ein umfangreiches Programm. Das gekonnte Zusammenspiel von Kultur und Wein, Musik, Natur, Genuss und Lebensfreude ist zum Anziehungspunkt für Musik- und Genussbegeisterte aus aller Welt geworden.

Der Rheingauer Michael Herrmann gründete das Festival 1987 – als junger Mann sang er selbst in Chorkonzerten im Kloster Eberbach mit. Heute zählt das Rheingau Musik Festival zu den größten Musikfestivals in Europa. Einer der Höhepunkte des von Ende Juni bis Anfang September dauernden Festivals ist die „Steinberger Tafelrunde". In dem historischen Weinberg Steinberg der Hessischen Staatsweingüter, von einer 3 Kilometer langen Steinmauer umgeben, sitzen die Besucher an der längsten Tafel der Welt mitten im Weinberg. Die Mauer wurde im 13. Jahrhundert erbaut: Die Domäne Steinberg ist geschichtlich eng mit Kloster Eberbach verbunden. Beim Open-Air-Musikfest steht der Wein mit einer Vesper im Mittelpunkt. Verschiedene Künstlerensembles unterhalten die Gäste mit Jazz, Blues, Swing und Kleinkunst.

Ab Mitte September beginnt im Rheingau – neben der Traubenlese – eine ganz besondere „WeinLese": Beim Rheingau Literatur Festival lesen Schriftsteller in ausgewählten „WeinLocations" aus ihren aktuellen Werken. Autoren wie Joachim Gauck und Dörte Hansen waren schon zu Gast.

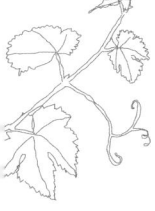

TIPP
Rheingauer Literatur Festival im September: Literarische Weinwanderung zu den Rieslingschlössern.

Rheingau Musik Festival Konzertgesellschaft mbH
Rheinallee 1, 65375 Oestrich-Winkel, Tel. (0 67 23) 9 17 70
www.rheingau-musik-festival.de

Wildsau mit Tradition

Weingut Diefenhardt in Martinsthal

Ein Stück klassischer, traditioneller Rheingau wie aus dem Bilderbuch – so präsentiert sich das Weingut Diefenhardt mit Gutsausschank mitten im Ort und Weinbergshaus im Weinberg. Die historischen Gebäude gehen zurück auf das 19. Jahrhundert: Baron von Reichenau ließ das Weinbergshäuschen als Jagdsitz errichten, 1917 übernahm die Familie Seyffardt das Weingut.

In der stattlichen Hofanlage aus dem 19. Jahrhundert in der Hauptstraße befinden sich Weingut und Gutsschänke. Der Gastraum strahlt würdevolle Patina aus: An die Wand gemalte Szenen aus dem Winzerleben erinnern stilecht an frühere Jahrzehnte. Pächter und Küchenchef Björn Kirchner bereitet zuverlässig klassische Gerichte zu, zum Beispiel Schnitzel Rosemarie mit hausgemachten Bratkartoffeln, überrascht aber auch mit neuen Gerichten, wie hausgemachter Pasta mit Aprikosen-Fenchel-Ragout. Im Sommer sitzen die Gäste im lauschigen Innenhof.

Das Weingut Diefenhardt bearbeitet 18 Hektar Weinberge in besten Martinsthaler und Rauenthaler Lagen: überwiegend Riesling, aber auch Spätburgunder. Senior Peter Seyffardt und Tochter Julia (die fünfte Generation) führen gemeinsam das Weingut. Die frischen Rieslinge mit feinen Pfirsicharomen begeistern die Weinfreunde ebenso wie die Spätburgunder aus den Lagen Martinsthaler Wildsau und Schlenzenberg. Familie Seyffardt ist im Rheingau ein Begriff: Senior Peter fungiert als langjähriger Weinbaupräsident, seine Schwester Ulrike Neradt tritt als Chanson-Künstlerin auf.

In den Sommermonaten ist das „Herzstück" des Weinguts geöffnet, der Ausschank am Weinbergshaus. Die Lage ist spektakulär: Hoch oben am Waldrand haben die Weinfreunde eine beeindruckende Fernsicht – sowohl Richtung Rheinebene und Wiesbaden als auch in Richtung Rheingau. Die Wanderung durch die zum Ende hin stark ansteigenden Weinberge hinauf lohnt sich allemal. Früher hat die Familie das abgelegene Häuschen für Partys genutzt. Heute ist es hübsch rausgeputzt und dient als perfekte Location für entspannten Weingenuss.

TIPP
Schlenderweinprobe:
Weinverkostung und
Besichtigung des historischen
Gewölbekellers.

Weingut Diefenhardt
Hauptstraße 9–11
65344 Eltville-Martinsthal
Tel. (0 61 23) 7 14 90
www.diefenhardt.com

Weinmacher mit Hut

Weingut Dillmann in Geisenheim

Marcel und Marius Dillmann sind halt cool. Ihr Markenzeichen sind Bowlerhüte – kombiniert mit trendigen Tattoos. Aus familiärer Verbundenheit tragen die beiden Brüder und Vater Karlo den „Läufer", das Weingutslogo, als Tattoo: Winzer aus Leidenschaft mit Leib und Seele. Die Ansprache an die Weinfreunde ist klar und einfach, mit „Gude!" wird begrüßt; die Weinphilosophie ist kurz und knapp: nah an der Natur arbeiten, mit Herzblut authentische Weine erzeugen, Spitzenqualität erstreben, um einen „Genussmoment in einen Glücksmoment" zu verwandeln. Die Geschichte des Weingutes ist schnell erzählt: In den 1980ern begann der damalige Wasserschutzpolizist Karlo Dillmann mit Weinbau im Nebenerwerb – das blieb so bis 2014. Dann stieg Weinbautechniker Marcel ein, 2016 folgte der studierte Sportwissenschaftler Marius. Mittlerweile bearbeiten sie rund 14 Hektar Weinberge im Vollerwerb. Die Lagen reichen von Winkeler Jesuitengarten und Hasensprung über Geisenheimer Kläuserweg und Rothenberg bis zum Rüdesheimer Berg Rottland. Zu 90 Prozent werden die Weine im Edelstahltank ausgebaut – der Rest liegt auch mal im großen Holzfass oder im Barrique.

Das Weingut erlebbar machen lautet die Devise – alles ist offen und zugänglich. Gutsweine, Lagenweine, Réserve: Die Qualitätspyramide ist klar gegliedert. Dillmanns sind auf dem Weg, die Biozertifizierung zu erreichen. Die Weine sollen frisch, fruchtig sein – und vor allem Spaß vermitteln, so das Motto der Dillmanns. Riesling vom Geisenheimer Kläuserweg und Spätburgunder vom Assmannshäuser Höllenberg stehen auf der Weinliste. In der Straußwirtschaft sitzt man neben Gitterboxen quasi mitten im Weingut, in der Produktionshalle. Mutter Annette Dillmann betreut die Küche. In der Straußwirtschaft werden typische Speisen wie Winzerweck (auch vegan), Spundekäs und Rindermett angeboten. Drinnen sitzt man originell – aber die jungen Leute treffen sich vor allem draußen, direkt am Weinberg. Hier chillen sie in Liegestühlen und genießen den Sonnenuntergang.

TIPP
Wei[h]nachtliches Hoffest mit Holzkohlegrill, Lagerfeuer, Glühwein und Live-Musik in den Weinbergen.

Weingut Dillmann
Langestraße 17 a
65366 Geisenheim
Tel. (0 67 22) 81 62
www.weingut-dillmann.de

Weinpicknick mit Aussicht

Goetheblick auf dem Johannisberg

Manchmal liegen die schönsten Orte unmittelbar neben den berühmten Hotspots: Vom Eingang des eindrucksvollen Schlosses Johannisberg läuft man gerade mal zwei Minuten an der Basilika vorbei und erreicht einen ganz besonderen Aussichtspunkt in den Weinbergen. Schon Johann Wolfgang von Goethe soll vor 200 Jahren den Blick über Oestrich-Winkel und den Rhein genossen haben. Die heutige Gestaltung des Platzes hätte dem Weinfreund sicher gefallen: Das renommierte Weingut Schloss Johannisberg hat Tische und Bänke aufgestellt und betreibt hier vom Frühling bis in den Herbst einen Weinprobierstand. Gleich nebendran sitzen die Gäste entspannt auf Holzliegen und erfreuen sich am einmaligen Rheinpanorama: Der Strom fließt hier sehr breit um bewaldete Inseln.

Die Rieslinge des Weingutes mit über 1000-jähriger Weinbaugeschichte sind von ausgezeichneter Qualität: Vor 300 Jahren ließ der Fuldaer Fürstabt am Johannisberg den ersten geschlossenen Riesling-Weinberg anlegen. Nach einer Legende entdeckte der amtierende Kellermeister 1775 per Zufall die Spätlese, da sich der Reiter mit der Lesegenehmigung aus Fulda verspätete. Auch wenn es für diese Technik schon frühere Belege gibt – auf Johannisberg wurde die Spätlese systematisch ausgebaut. Der Begriff wurde in das Weingesetz aufgenommen und bezeichnet heute ein Qualitätsprädikat. Ein Reiterdenkmal im Schlosshof und der Comic „Karl – der Spätlesereiter" erinnern an die Legende.

Die Rieslinge von Schloss Johannisberg zählen bis heute zu den topbewerteten im Rheingau – besonders der feinherbe Goldlack wird hoch gelobt. Passend zu den Weinen können Besucher am Weinprobierstand einen Picknickkorb mit Antipasti und Brot erwerben und gleich vor Ort im Weinberg genießen. Sehenswert ist auch der beeindruckende 260 Meter lange Gewölbekeller – im Rahmen von Führungen kann er besichtigt werden. In der berühmten Schatzkammer „Bibliotheca Subterranea" lagern mehr als 25.000 kostbare Weine – der älteste Riesling stammt aus dem Jahr 1748.

TIPP

Von Juni bis September ist Schloss Johannisberg Spielstätte des Rheingau Musik Festivals.

Schloss Johannisberg
65366 Geisenheim
Tel. (0 67 22) 7 00 90
www.schloss-johannisberg.de

Riesenfass im Kunstkeller

Weingut Georg Müller Stiftung in Hattenheim

Als Peter Winter 2003 das Weingut der Stadt Eltville erwarb, war ihm durchaus bewusst, welche historische Dimension die Gebäude und die Geschichte des Weingutes für den Ort Hattenheim und den Rheingau haben. Mit einem einfühlsamen Blick auf die Vergangenheit hat der erfahrene Weinmanager das imposante Weingut in die Moderne geführt: Die Georg Müller Stiftung produziert heute nicht nur sehr ansprechende Weine, sondern erlaubt auch einen tiefen Blick in die Geschichte des Rheingauer Weinbaus.

Georg Müller, Enkel des Eltviller Sektfabrikanten Matheus Müller, stiftete 1913 das Weingut seiner Heimatgemeinde Hattenheim: Die Erträge sollten den Bedürftigen zugutekommen. Das Weingut wurde später wenige Straßen weiter in das historische Anwesen Wilhelmj verlegt. In diesem barocken Gebäude firmierte im 19. Jahrhundert August Wilhelmj, ein international renommierter Weinhändler und Weinproduzent Rheingauer Spitzenweine. 1876 ließ er ein Riesenfass im Keller aufstellen – so groß wie der Inhalt von 64.000 Weinflaschen. 1937 wurde es abgebaut. Heute dient das um das Riesenfass errichtete 6 Meter hohe Gewölbe als Veranstaltungsraum. In dem darunter liegenden 260 Jahre alten Weinkeller hat die Galerie Winter einen Kunstkeller mit zeitgenössischen Installationen, Lichtobjekten und Skulpturen internationaler Künstler eingerichtet. Hier erleben Besucher eine gelungene Symbiose von Kunst und Wein.

Der faszinierende Rahmen dient als Bühne für die Weine aus besten Rheingauer Lagen: Hattenheimer Schützenhaus, Hassel, Nussbrunnen. Rund 21 Hektar bewirtschaftet das Weingut – zu 75 Prozent mit den Rebsorten Riesling und 20 Prozent mit Spätburgunder, aber auch Sauvignon Blanc, Müller-Thurgau und Frühburgunder. Die Bearbeitung der Weinberge findet umweltschonend statt. Weißweine werden in Edelstahltanks und großen Eichenholzfässern ausgebaut, Rotweine im Barrique. Aus der für den Rheingau untypischen Rebsorte Auxerrois werden charaktervolle Weine und Sekte produziert – es lohnt sich, die burgunderähnliche Sorte zu probieren.

TIPP
Raritäten-Donnerstag:
Am ersten Donnerstag des Monats findet eine Probe mit Weinraritäten statt.

Weingut Georg Müller Stiftung
Eberbacher Straße 7–9
65347 Hattenheim
Tel. (0 67 23) 20 20
www.georg-mueller-stiftung.de

14

Weinwandern im Welterbe

Wander-Guru Wolfgang Blum

Er ist eine Art Reinhold Messner des Rheingaus: In den Alpen hat er 55 Viertausender bestiegen, aber seine wahre Kletterheimat ist der „Grand Canyon der Romantik" – das Mittelrheintal. Wolfgang Blum ist zertifizierter Natur- und Landschaftsführer für das obere Mittelrheintal, Welterbe-Botschafter und natürlich: Wein-Botschafter. Seine drei Leidenschaften Wasser, Wandern und Wein verbindet er mit einem umfangreichen Programm von ausgefeilten Wandererlebnistouren. Sein Angebot reicht von kurzen Schlenderspaziergängen mit kenntnisreichen Weinverkostungen, die auch mal „nur" zwei Stunden dauern, bis zur 36-Stunden-Wanderung mit 100 Kilometern Länge.

Mit Wein kennt sich der gelernte Journalist und leidenschaftliche Mundart-Erzähler sehr gut aus: Seit ein paar Jahren bewirtschaftet er als Hobbywinzer neun übereinander gestaffelte Terrassen in der Steillage Assmannhäuser Berg Frauenstieb und baut seinen eigenen Wein aus. Mit dem Weinberg und den Wanderungen erfüllt er sich einen Traum. Seine Begeisterung teilt er mit seinen Gästen: Die Mitwanderer sollen die Weinregion kennenlernen. „Wandern macht glücklich: Worauf wartest du noch, starten wir!" So muntert er die Besucher auf – man ist per Du und möchte eine schöne Zeit miteinander verbringen.

Wolfgang Blums geführte Wanderungen haben alle ein Thema: Entweder geht es um eine Region wie das Mittelrheintal oder den Rheingau oder um Hildegard von Bingen bei „Hildegard Weinwalks" mit Benediktinerinnen der Abtei St. Hildegard. Oder um spannende Krimi-Wanderungen, wie „Die Rache auf dem Rochusberg". Neben klassischen Weinwanderungen mit Verkostungen und Kulturwanderungen hat der Wander-Guru auch Spirituelles im Angebot: „Mit den Füßen beten – auf dem Rheingauer Klostersteig". Die Erkundung der schönen Rheingauer Landschaft zu Fuß beschränkt sich nicht nur auf die Zeit von Frühling bis Herbst: Auch im Winter finden Wanderungen statt. Weil dann das Laub an den Bäumen fehlt, öffnen sich Blickwinkel, die sonst verborgen bleiben.

TIPP
Wanderung „Rheinsteig in Flammen" in Rüdesheim am ersten Samstag im Juli mit sieben Feuerwerken.

Wolfgang Blum
Tel. (0 67 22) 75 05 08
www.blum-wolfgang.de

Orient im Rheintal

Weingut Mohr in Lorch

Jochen Neher und seine türkischstämmige Frau Saynur bieten etwas Einmaliges im Rheingau: eine Straußwirtschaft mit regionalen und türkischen Gerichten! Die türkische Kochkunst gehört zu den großen Weltküchen – und passt erstaunlich gut zu den Rheingauer Weinen. In der beliebten Weinschänke stehen ungewöhnliche Gerichte wie der orientalische Vorspeisenteller oder die Spezialität Börek (eine Art Strudel aus Yufka-Teig mit einer Füllung aus Hackfleisch, Schafskäse und Gemüse) auf der Karte und schmecken sehr lecker. Saynur Sonkaya-Neher versteht sich aber auch auf regionaltypische Spezialitäten: Wildbratwürste mit Rosmarinkartoffeln und Wisperforellenfilets auf Linsen überzeugen die Kundschaft. Die Straußwirtschaft ist geschmackvoll modern-schnörkellos, aber sehr gemütlich eingerichtet.

Das Weingut Mohr wurde 1875 von Jochen Nehers Urgroßvater gegründet. Ein Kuriosum: Das Gebiet um Lorch ging in die Geschichte als „Freistaat Flaschenhals" ein. Bei den halbkreisförmigen Grenzziehungen der Besatzungsmächte nach dem Ersten Weltkrieg blieb die Region außen vor – und somit von 1919 bis 1923 ein Kleinstaat. Auf 7 Hektar baut Jochen Neher hier in der vierten Generation im ökologischen Anbau (seit 2011) hauptsächlich Riesling, aber auch Spätburgunder und Weißburgunder in Lorcher und Assmannshäuser Steillagen an. Die sehr individuell und lagenbezogen ausgebauten Weine beeindrucken durch eine klare, rebsortentreue Aromenstruktur und sehr eigenständigen Charakter. Hochgelobt werden immer wieder die Riesling- und Pinotsekte des Weingutes. Jochen Neher pflegt die Tradition: Der Lorcher Schlossberg Riesling 34 stammt aus einem Weinberg, der 1934 gepflanzt wurde – dies sind die ältesten Rieslingstöcke im Rheingau. Er möchte seine Weine in „natürlicher Harmonie" ausbauen, und glückliche Harmonie herrscht auch bei den beliebten Kochkursen von Saynur. Mehrfach im Jahr kocht sie in ihrer Küche zusammen mit Weinfreunden „Tausend und ein Geschmack – Mezetafel & Weingenuss". Meze sind türkische Vorspeisen wie Auberginenröllchen mit Schafskäse und Datteln oder Zucchini gefüllt mit Reis und Kichererbsen – Riesling passt hervorragend dazu.

TIPP

Die Straußwirtschaft ist im Frühjahr und im Herbst jeweils für ein paar Wochen geöffnet.

Mohr Wein & Kulinarik
Rheinstraße 21, 65391 Lorch
Tel. (0 67 26) 94 84
www.weingut-mohr.de

Weinfest mitten in der Lese
Natur Pur in Hattenheim

Am 3. Oktober ist Tag der Deutschen Einheit und Feiertag. Üblicherweise ist Anfang Oktober die Hauptlese für den Riesling in vollem Gange. Also haben die Winzer eigentlich überhaupt keine Zeit für Weintouristen. Eigentlich. Aber im Oktober duftet der ganze Rheingau nach Most, es wird einem geradezu übermütig schwindlig von all den Gerüchen nach Trauben und Trester und der fiebrigen Lesegeschäftigkeit. Genau der Zeitpunkt, an dem die Weintouristen ein wenig teilhaben wollen am Zauber der Weinlese. Also gut, dachten sich die Hattenheimer Winzer, veranstalten wir mitten in der Hauptlese ein Weinfest mitten in den Weinbergen. Über mehrere Kilometer bauen sie jedes Jahr einen Genuss-Wandertrail für einen Tag auf. Hans Bausch stellt an seinen Stand sogar einen Traubenvollernter in die Rebzeilen: Kinder dürfen an dem Ungetüm hochklettern. Die Besucher starten vom Bahnhof in Hattenheim aus – dann geht's hinaus in den Hang, von der Lage Hattenheimer Pfaffenberg bis hoch zum historischen Steinberg.

Was früher als Geheimtipp für Wander-Gourmets galt, hat sich über die Jahre zu einem äußerst beliebten Event entwickelt: Gruppenweise ziehen Weinfreunde mit Kind und Kegel zu den Weinständen. Entlang des Wein- und Schlemmerpfads durch die Weinberge locken alle paar Hundert Meter Hattenheimer Winzer mit ihren Weinständen – immer in Verbindung mit einem Gastronomie-Partner. Hochwertiger Sekt von Weingut Barth, feine Rieslinge am coolen „Riesling Rider" des Weingutes Ress, Rotwein von der Georg Müller Stiftung – das Angebot ist reichhaltig, über ein Dutzend Weingüter sind am Start. Feine Küche vom Weinrestaurant Krug, ausgezeichnete vegane Küche vom Restaurant Zwei und Zwanzig, aber auch einfache Bratwurst vom Grill sorgen für die Verpflegung der Gäste mitten in den Weinbergen. Am Wegesrand haben die Winzer Tische und Bänke aufgebaut. Faszinierend ist die Stimmung: Immer wieder ist Lachen zu hören, glückliche Gesichter wandern den Pfad des Weingenusses entlang und lassen es sich gut gehen.

TIPP
Afterparty ab 17.30 Uhr im Hof des Weinguts Balthasar Ress mit Riesling Rider und DJ.

Hattenheimer Winzer
Waldbachstraße 103
65347 Hattenheim
www.rheingau.de/
veranstaltungen/feste/
naturpur-hattenheim

Weingenuss mit Aussicht

Weingut Goldatzel in Johannisberg

Vom Johannisberg aus haben Besucher eine grandiose Aussicht über die Weinberge des mittleren Rheingaus und über den Rhein hinweg bis nach Rheinhessen. Prunkstück der Weinschänke Goldatzel ist zweifellos die große Terrasse, die diesen Ausblick ermöglicht. Die Gäste sitzen quasi auf dem Rheingauer Balkon – aber das allein erklärt die Beliebtheit dieses besonderen Ortes nicht. Die Goldatzel entspricht in jeder Hinsicht der klassischen Vorstellung einer gemütlichen, hochwertigen Gutsschänke: Der engagierte Familienbetrieb mit Gerhard Groß im Weingut sowie Andrea Groß in der Küche verwöhnt mit ansprechenden Weinen und authentischen Regionalgerichten in traumhafter Lage. Mit Sohn Johannes arbeitet schon die nächste Generation mit im Betrieb. „Der Wein steht bei uns im Vordergrund!", betont Andrea Groß.

Das 10-Hektar-Weingut betreibt Weinbau seit dem 16. Jahrhundert – die 1977 eingerichtete Gutsschänke gehört zu den beliebtesten Adressen im Rheingau. Der Gastraum wurde in den letzten Jahren immer wieder geschmackvoll aufgefrischt und bietet wie die große Terrasse einen Panoramablick auf das Rheintal. Die Speisekarte offeriert typische Rheingauer Gerichte wie Spundekäs, Handkäs, Wildsülze mit Bratkartoffeln und Winzerweck, aber auch leckere Salate und Fischangebote. Auch im größten Trubel (vor allem bei schönem Wetter) zeigt sich der wieselflinke Service dem Ansturm jederzeit freundlich gewachsen. Die Weinqualität hat sich in den letzten Jahren stetig weiterentwickelt: Markante Rieslinge mit ausgeprägten Fruchtaromen überzeugen ebenso wie ausgereifte Spätburgunder.

Stetige Investitionen in die Kellertechnik (hochwertige Lagerfässer) und bei Neuanpflanzungen zahlen sich aus: Die trockene Riesling Spätlese Bestes Fass und die Geisenheimer Kläuserweg Riesling Spätlese feinherb sind ausgezeichnete Weine – und dabei günstig. Charaktervoll mit typischen Burgunderaromen begeistern die Spätburgunder im Sortiment – sogar der seltene Frühburgunder ist vertreten. Übrigens: Der Name Goldatzel ist eine Weinbergslage und bedeutet „Elster".

TIPP

Während der Weinlese beobachten die Gäste das Treiben im Weinberg und genießen herbstliche Gerichte.

Weingut Goldatzel
Hansenbergallee 1 a
65366 Johannisberg
Tel. (0 67 22) 5 05 37
www.goldatzel.de

Hier prickelt der Rheingau

Sekt- und Weinkellerei Reuter & Sturm in Walluf

Im Rheingau ist „Schaumwein", also Sekt, in jedem Weinort präsent – von großen Markensekten wie Fürst Metternich oder MM bis hin zu kleinen Manufakturen ist alles vertreten. Einer der kleinen, feinen Sektmacher ist in einer Gründerzeitvilla von 1870 in Walluf beheimatet. Hier produziert die Familie Sturm qualitativ ansprechende Sekte. Gründer Johann Sturm durchlief 1951 als einer der Letzten die Ausbildung zum „Schaumwein-Küfer" und war ein Pionier in Sachen Winzersekt: In den 70er-Jahren untersuchte er die „Versektungstauglichkeit" heimischer Rebsorten, wie des Rieslings und des Spätburgunders. Der Anspruch von Sohn Helmut Sturm heute: mit traditioneller Flaschengärung herausragende Rheingauer Grundweine zu anspruchsvollen Schaumweinen zu versekten. Traditionell heißt: Die Sektflaschen stehen während der Flaschengärung auf dem Kopf und werden regelmäßig gerüttelt, bis der Hefepfropfen sich am Ende des Flaschenhalses gesammelt hat. Die Rüttelpulte können Besucher besichtigen.

Reuter & Sturm produziert auch Sekt für andere Winzer – und Sektfans können sich hier ihren eigenen Schaumwein mit eigenem Etikett herstellen lassen. Durch ganzjährig stattfindende Veranstaltungen ergänzt Christiane Sturm das prickelnde Thema kulinarisch: In thematischen Kochkursen, zum Beispiel „Supp, Gemüs und Hinkelsfüß", vermittelt die ehemalige Rheingauer Weinkönigin ihre Erfahrungen. So kreiert sie passende Gerichte zu dem hauseigenen Sektangebot. Im Frühjahr beginnt mit ihrem Frühjahrsbrunch die Sektsaison, die an Muttertag, Anfang Mai, mit dem „Deutschen Sekttag" ihren ersten Höhepunkt findet. Im Advent locken die Menüabende „Gänse, Wild & Co." – natürlich mit Sekt, aber auch mit hauseigenen Weinen. Das historische Interieur der Villa mit geschnitzten Stühlen ist bei Veranstaltungen zugänglich und kann auch für Tagungen und Feiern wie Hochzeiten genutzt werden. Das stilvolle Ambiente der historischen Räumlichkeiten passt zum Thema Schaumwein und vermittelt diese prickelnde Eleganz und Gelassenheit, die zum Sektgenuss dazugehört.

TIPP
Immer am zweiten Sonntag im Mai: Deutscher Sekttag mit Verkostung und Buffet.

Sekt- und Weinkellerei
Reuter & Sturm
Bahnhofstraße 15
65396 Walluf
Tel. (0 61 23) 99 05 56
www.reuter-sturm.de

Adlige Singer-Songwriter

Weingut Baron Knyphausen in Erbach

Der historische Draiser Hof mit seiner weitläufigen Parkanlage ist eine Wohlfühloase par excellence: Obwohl 1141 von Zisterziensern gegründet und seit 1818 im Besitz der Familie zu Knyphausen, gehört das großzügige Anwesen zu den coolsten Wein-Locations im Rheingau. Junge Familien sitzen bequem auf stylischen Palettenmöbeln, am Weinstand versorgen sich die Gäste mit Getränken und Snacks: Die Atmosphäre ähnelt einem Gartenfest. „Weinlounge1141" heißt das gastronomische Konzept für „gechillte Stunden" im Gutspark. Familien mit Kindern schätzen das Angebot: Die Kleinen haben Auslauf und können auch in einer Sandkiste buddeln.

Seit Frederik zu Knyphausen in achter Generation das Weingut leitet, hat er mit einem jungen Team für frischen Wind gesorgt. In der Weinbar1818 im neuen knypHAUS im Industriestil-Ambiente können die Gäste ganzjährig Bistrogerichte genießen. Im Hofladen gibt es typisch regionale Produkte. Und die Weine? Überwiegend ansprechende Rieslinge aus der berühmten Lage Erbacher Marcobrunn und angrenzenden Weinbergen stehen auf der Weinliste – ergänzt durch Spätburgunder. Der Seniorchef war Gründungsmitglied der Rheingauer Charta-Vereinigung: Hier werden Rieslinge im klassischen Stil ausgebaut. Mit dem Weinerlebnis „Sensorikwand" und dem „Weinprobeassistenten" hilft das Weingut den Gästen, den passenden Wein zu finden.

Das Gutshaus dieses besonderen Ortes steht auch für private Feiern zur Verfügung: Die große Kelterhalle oder das heimelige Kaminzimmer bieten ein individuelles Ambiente. Besonders Brautpaare schätzen das romantische Anwesen und feiern hier gerne. Die hauseigene Gastronomie kümmert sich um das Catering. Im angeschlossenen Gutshotel im alten kelterHAUS kann die Feiergesellschaft übernachten. Einmal im Jahr ist „Heimspiel": Der Liedermacher und Sohn der Familie, Gisbert zu Knyphausen, organisiert ein Indie-Festival mit verschiedenen Künstlern – und tritt selbst auf. An vier Tagen pilgern über 2500 Fans auf den Draiser Hof und lauschen den Singer-Songwritern.

TIPP
Übernachten im Gutshaus
oder im Teichhaus – ein Traum.

Weingut Baron Knyphausen
Erbacher Straße 28
65346 Erbach
Tel. (0 61 23) 79 07 10
www.baron-knyphausen.de

20

Picknickparadies am Rhein
Weinprobierstand in Hattenheim

Entspannt liegen junge Leute auf aufblasbaren Air Loungers, nicht weit davon hat eine Familie eine Picknickdecke ausgebreitet, gleich daneben sitzt eine Gruppe von Radlern an rustikalen Holztischen: Die Atmosphäre auf der großen Rheinwiese am Hattenheimer Weinprobierstand entspricht dem Bilderbuch einer entspannten Freizeitgesellschaft. In allen Weinorten entlang des Rheins laden eine Vielzahl von originellen Weinprobierständen dazu ein, die Weine der ortsansässigen Winzer zu probieren. Die beliebten Plätze sind von April bis Oktober geöffnet. Die „Hattenheimer Weinfässer", „wo selbst der Rhein eine Pause macht", sind in drei original Riesen-Holzfässern untergebracht, die dem Weinprobierstand seinen Namen gaben. Bei Regen gibt es in zwei Fässern für jeweils bis zu zehn Personen kuschelig Platz. Mit den großen, schattenspendenden Bäumen, den urigen Weinfässern und der weitläufigen Rheinwiese gehört der Weinprobierstand mit zu den schönsten im Rheingau.

13 Hattenheimer Winzer schenken im wöchentlich wechselnden Rhythmus aus. Zu den Weingütern gehören so renommierte Namen wie Sektgut Barth, Balthasar Ress, Hans Bausch, Georg Müller Stiftung, Kaufmann und viele mehr. Auf der Webseite können die Besucher nachschauen, welcher Winzer gerade mit dem Ausschank dran ist. Die Weingüter bieten eine umfangreiche Auswahl ihres Weinangebots an. Neben Sekt und Wein werden kleine Snacks wie Spundekäs, Bretzeln und Würstchen angeboten. Die Gäste bringen häufig ihr eigenes Picknick mit und sorgen damit für eine richtige Sommerfeststimmung. An manchen Tagen spielen Musikanten schon mal auf der Gitarre oder ein Grillstand wird aufgebaut. Die entspannte Atmosphäre lockt Weinfreunde von überallher an: Banker mit Anzug beim After-Work-Clubbing sitzen einträchtig neben Wanderern und Radfahrern. Der Leinpfad verläuft als Rad- und Gehweg durchgehend entlang des Rheinufers von Wiesbaden bis Rüdesheim. Mehr als zehn Weinprobierstände passieren Besucher entlang der Strecke, an der man die mediterrane Seite des Rheins entdecken kann.

TIPP
Den Sonnenuntergang am idyllischen Rheinufer mit einem Glas Riesling genießen.

Weinprobierstand
Rheinufer Hattenheim
65347 Eltville
Tel. (0 67 23) 88 57 55
www.weinprobierstand.de

Comedy und Spundekäs

Eventlocation Brentanoscheune in Winkel

Zum Weingenuss gehört auch genussvolle Unterhaltung: Comedy, Konzerte, Themenweinproben, Theaterstücke, regionale Kulturformate. In der historischen Brentanoscheune mit ihren eindrucksvollen Bruchsteinmauern haben die Veranstaltungen rund um den Wein Kultstatus: Poesie & Wein, Brot & Wein – und: „Rheingau sucht den SuperSpundekäs". Jedes Jahr treten dazu Hobbyköche und Kochprofis aus Straußwirtschaften auf der Bühne gegeneinander im Wettstreit um den besten Spundekäs an. Die regionale Spezialität, eine gewürzte Frischkäsezubereitung, gehört zum Standardrepertoire jeder Straußwirtschaft und Gutsschänke im Rheingau. Die Rezepte werden innerhalb der Familien weitergegeben – und natürlich nicht verraten! Das leckere Vespergericht wird mit Brezeln gereicht und passt hervorragend zum Rheingauer Riesling. In der Brentanoscheune küren eine Jury auf der Bühne und die Zuschauer den „SuperSpundekäs" des Jahres – eine Veranstaltung mit hohem Unterhaltungswert. Die Veranstaltung im April stimmt auf die Rheingauer Schlemmerwochen ein, bei der Ende April über 100 Weingüter ihre Höfe öffnen.

Die Feldscheune gegenüber dem Brentano-Haus wurde im 18. Jahrhundert errichtet und später als Gerberei genutzt – und erregte den Unwillen der aristokratischen Nachbarn. „... der Lohgerber gegenüber uns durchdampft alle Wohlgerüche der Luft!", echauffierte sich 1808 Schriftstellerin Bettina von Brentano in einem Brief an Frau Rat Goethe. Die Familie löste das Problem auf ihre Art: 1810 erwarb sie die Scheune, die Gerberei zog um. Nach Nutzungen als Pferdestall und Kegelbahn erwarb die Stadt Oestrich-Winkel das Gebäude, sanierte es 2002 und richtete die beliebte Kultur- und Eventstätte ein.

Seit 2011 organisiert die Rheingauer Wein Bühne ein abwechslungsreiches Programm: Neben populären Stars der Kleinkunstszene wie Tobias Mann, Mirja Boes und Bodo Bach treten regionale Künstler auf und gestalten Programme wie „Dunjas MusikScheune" oder die „Rheingauer Weihnacht". Die Brentanoscheune kann auch privat für Hochzeits- oder Geburtstagsfeiern angemietet werden.

TIPP
Frühlingsmarkt vor Ostern und Weihnachtsmarkt sind stimmungsvolle Bummelmärkte mit (Glüh-)Wein.

Brentanoscheune
Hauptstraße 139 a
65375 Oestrich-Winkel
Tel. (0 67 23) 60 19 02
www.rheingauer-wein-buehne.de

Sister Act im Weinberg

Klosterweingut Abtei St. Hildegard in Eibingen

Winzerschwester Thekla ist zusammen mit Kellermeister Arnulf Steinheimer in der Benediktinerinnenabtei St. Hildegard für den Ausbau des Weins zuständig. Schon in der Zeit der Gründeräbtissin Hildegard von Bingen im 12. Jahrhundert betrieben die Klosterschwestern Weinbau – auf der anderen Rheinseite auf dem Rupertsberg. Schwestern, die ins Kloster kamen, brachten immer wieder Weinberge als Mitgift mit. Ursprünglich war der Wein als Messwein gedacht. Die Tradition des Weinbaus setzen die Benediktinerinnen hier fort: das einzige Klosterweingut in Deutschland, in dem Ordensfrauen aktiv mitarbeiten – im Weinberg und im Keller. Auf 7,5 Hektar in besten Lagen von Rüdesheim und Assmannshausen bauen die Schwestern überwiegend Riesling, aber auch Spätburgunder an – rund 50.000 Flaschen pro Jahr füllen sie ab.

Das Kloster mit der imposanten, 1904 erbauten Kirche liegt oberhalb von Rüdesheim inmitten der Weinberge. Ein Ort mit einer besonderen Ausstrahlung und einem schönen Blick auf das Rheintal. Für die Erkundung rund um das Kloster bietet sich der knapp 7 Kilometer lange Rundwanderweg „Rüdesheimer Hildegard-Weg" an. Danach stärken sich die Besucher gerne im Klostercafé: Leckere Kuchen, zum Beispiel Dinkel-Nussecken, und herzhafte Kleinigkeiten stehen auf der Karte. Das Klostercafé ist ein Inklusionsbetrieb der Abtei. Hier arbeiten Menschen mit Beeinträchtigung, die ihre vielfältigen Talente und ihre herzliche Gastfreundschaft einbringen können. Ein schöner Innenhof gehört zum Café dazu. Im Klosterladen und in der Vinothek stehen einträchtig Kommunionbücher, Dinkel und Weinflaschen nebeneinander und werden zum Verkauf angeboten. Winzerschwester Thekla treffen Besucher häufig persönlich beim Verkauf an und können sich von ihr beraten lassen. Immerhin ist sie die einzige „Winzerschwester" Deutschlands, die Abtei St. Hildegard zudem das einzige Klosterweingut, in dem Ordensfrauen aktiv mitarbeiten.

TIPP
Der Lieblingswein von Schwester Thekla ist der Spätburgunder KlosterSecco Qualitätsperlwein trocken.

Abtei Kloster St. Hildegard
Klosterweg 1
65385 Rüdesheim am Rhein
www.abtei-st-hildegard.de

Traube trifft Bohne –
Cafés im Rheingau

Fliegender Wechsel: **„Café feinherb"** gibt es von März bis Oktober, von November bis Februar ist bei Stettlers in Hallgarten in denselben Räumen die Weinstube untergebracht. Leckere selbst gebackene Kuchen und Torten, frische Waffeln und dazu kleine Snacks – so lautet das Konzept des Cafés. Die Weine von Stettlers Weingut passen gut zu den tagesaktuellen Kleinigkeiten – und sind manchmal auch Bestandteil des Kuchens: Der „Beschwipste Apfelkuchen mit Baiser" wird mit drei Esslöffeln Weißwein angerührt. „Feinherb" verbindet beide Genusswelten: Beim Wein steht die Bezeichnung für „halbtrocken". Und bei Schokoladen und Süßwaren passt der Begriff als Geschmacksbezeichnung genauso.

Also ein perfektes Nebeneinander von Wein- und Kaffeegenuss – das gibt es mittlerweile häufiger im Rheingau. In Weinregionen haben es Cafés traditionell eher schwer, aber in den letzten Jahren hat sich die Cafészene im Rheingau kreativ weiterentwickelt. Zum Beispiel in Erbach in **Julias Gutshotel.** Das ehemalige Jesuitenkloster hat Julia von Oetinger in einen bezaubernden Ort verwandelt. Der Frühstückssalon im Herrenhaus ist romantisch verspielt im modernen Landhausstil gehalten und wird nachmittags als Café im Gutshof genutzt. In dem idyllischen Pavillon und im Gutsgarten mit eigenem Bachlauf

können die Gäste entspannt die Kuchen der Geisenheimer Patisserie Pretzel genießen. Die komplette Kuchenpalette dieser Patisserie wird den Besuchern im Café am Dom geboten. Hier sitzt man gemütlich innen oder auf dem Bischof-Blum-Platz vor dem Geisenheimer Dom und genießt das Vollsortiment eines Traditions-Cafés.

Ebenfalls in Geisenheim verwöhnt das **Frau Ginkel** die Gäste in seinem Bistro mit veganen Kuchen und ausgefallenen, kreativen Torten. Zu empfehlen ist ihr leckeres Frühstück und der ausgesprochen aromatische Kaffee. Für junge Leute bietet sich das kultige **Plattenstübchen** an. Musik von Vinylplatten, Kuchen mit Milch und Eiern, aber auch vegane Torten und ein sehr gutes Weinangebot passen zur coolen Atmosphäre. In Johannisberg ist das auffällige **Café Moser** mit einer Kutsche auf dem Vordach eine Institution: ein klassisches Wiener Kaffeehaus mit einem umfangreichen Kuchenangebot. Nicht weniger traditionell ist **Café & Konditorei Frankenbach** in Eltville. Seit über 70 Jahren bietet die Familie in einem nostalgisch anmutenden Ambiente große Tortenkunst. Im Sommer locken die Gartenterrasse und selbst gemachtes Eis.

Tortenkunst, Wein und Musik von Platte begeistern die Gäste

Überhaupt ist die Eltviller Altstadt ein Hotspot für Kaffeegenuss. Das **Caféhaus Schwab-Weichbrodt** in der Fußgängerzone ist ein klassischer Treff für Einheimische und Besucher. Das **Altstadt-Café Glockenhof** wirbt mit den Original Eltviller Rosentörtchen. Ein leckeres Frühstück mit frischen Croissants in dem **Feinkostladen Kostbar** oder direkt davor in der Fußgängerzone ist immer wieder ein Erlebnis. In Walluf glänzt das gemütliche **Kaffee Kränzchen** mit origineller Inneneinrichtung und ausgesprochen leckeren selbst gebackenen Kuchen. Deutlich lockerer geht es in **Cornel's Cafébar und Vinothek** in Winkel zu. Drinnen sitzen die Gäste stylisch modern – außen mit schönen Sitzgelegenheiten im Weinberg. Zum originellen Kuchenangebot gehören Tartelettes und Cupcakes.

Und was ist jetzt mit Sektfrühstück? Gibt's im Rheingau natürlich auch. Am besten im **Hotel Näglers** in Winkel auf der Terrasse mit Blick auf den Rhein – beim reichlichen Frühstück sind auch Gäste, die nicht im Hotel übernachten, willkommen.

23

Oase für Feinschmecker

Rheingau Gourmet & Wein Festival in Hattenheim

Jedes Jahr Ende Februar, Anfang März leuchten im malerischen Kronenschlösschen in Hattenheim ganz hell viele Sterne internationaler Spitzenköche. Seit 1997 treffen sich Weinliebhaber und Feinschmecker aus aller Welt und genießen auf höchstem Niveau 18 Tage lang Leckereien im Schlemmerparadies. Kochshows, „Cooking Demonstrations", Themenmenüs mit Weinbegleitung, Wine Tastings mit den Winzern und Gala Dinners wechseln sich täglich ab. Die Eröffnungsveranstaltung findet traditionell im Laiendormitorium von Kloster Eberbach statt. Eine Party mit rund 400 Gästen: Live-Cooking mit 10 Kochstars, 20 Weinständen und Live-Band. Alle anderen Events mit dem krönenden Abschluss, der Farewell-Party, konzentrieren sich auf das romantische Kronenschlösschen. Gastgeber Hans B. Ullrich und Tochter Johanna Ullrich gelingt es in jedem Jahr, Koch- und Winzerstars aus der ganzen Welt in den Rheingau zu locken. Feinschmeckern bietet sich die einzigartige Gelegenheit, perfekte Menüs, persönlich zubereitet von internationalen Top-Köchen, zu genießen, ohne in deren Restaurants zu reisen. Ein Drittel aller Drei-Sterne-Köche standen in Erbach schon am Herd: Thomas Keller (USA), Vichit Mukura (Thailand), Hirohisa Koyama (Japan), Don Hancey (Australien) und Harald Wohlfahrt.

Schnell ausverkauft sind auch die Weinverkostungen, persönlich moderiert von den prominenten „Winemakern": Ob Christian Moueix (Petrus), Aubert de Villaine (Romanée Conti), Angelo Gaja (Gaja), Niepoort oder deutsche Stars wie Loosen – alle waren schon da. Weinenthusiasten haben die Qual der Wahl: Es locken rund 60 Veranstaltungen. Nicht nur Highlights wie das große Menü von Sterne-Koch Christian Bau mit Weinen von Starwinzern aus Rheinhessen und Rheingau sind im Angebot – es gibt viele bezahlbare Events wie der WorkShop La Dolce Vita mit Parmaschinken, Parmigiano und Olivenöl. Ein Besuch im Hotel und Restaurant Kronenschlösschen mit ansprechender Küche und exzellenter Weinkarte lohnt sich übrigens das ganze Jahr.

TIPP
Im Sommer lockt der lauschige Restaurant-Garten mit bunt leuchtenden Blumenbeeten.

Hotel Kronenschlösschen
Rheinallee, 65347 Hattenheim
Tel. (0 67 23) 6 40
www.rheingau-gourmet-festival.de

Die Kunst des Weinmachers

Weingut Künstler in Hochheim

Die Jugendstilvilla Burgeff in Hochheim strahlt heute noch das Selbstbewusstsein der Schaumwein-Pioniere des 19. Jahrhunderts aus: Burgeff & Schweickhardt waren die Ersten, die eine Schaumweinproduktion im Rhein-Main-Gebiet gründeten. Gegen Ende des 19. Jahrhunderts war die Hochheimer Sektkellerei die größte in Deutschland. Das beeindruckende Gebäude ist seit 2006 der passende Auftritt für das Rheingauer Spitzenweingut Künstler. Schon früh musste Gunter Künstler nach einer Verletzung des Vaters ins Weingut einsteigen und brachte mit 19 Jahren seine erste Ernte ein. Er war begeistert von dieser Erfahrung – seine Leidenschaft für das Weinmachen war geweckt. Folgerichtig absolvierte er ein Önologie-Studium an der Hochschule Geisenheim. Die Künstler-Rieslinge aus Hochheimer, Hattenheimer und Rüdesheimer Lagen sind wahre Kunstwerke und begeistern die Weinszene genauso wie der Spätburgunder aus der Renommierlage Assmannshäuser Höllenberg. Auf der 50 Hektar großen bewirtschafteten Anbaufläche sind auch gefragte Rebsorten wie Chardonnay, Sauvignon blanc und Grüner Veltliner vertreten.

Der begnadete Weinmacher Gunter Künstler gilt als „Terroirtüftler": Es gelingt ihm, Frucht und Volumen in seinen Weinen herauszuarbeiten. Für Besucher ist die Villa zugänglich: In der Vinothek stehen die Weine zur Verkostung bereit, der Hofausschank bietet neben den Weinen passende Snacks an – französisch angehaucht. Neben traditionellem Spundekäs und Fleischwurst vom Metzger stehen auch Escargots (Weinbergschnecken) und Gänserillettes auf der Karte: Kein Wunder – die Wiesbadener Zwillingsschwestern Jennifer und Nathalie Dienstbach („Les deux Dienstbach", die Mutter ist Französin) betreuen das gastronomische Konzept. Im Restaurant „Les deux Dienstbach chez Künstler" tischen sie zur Freude der Feinschmecker mit feiner französischer Küche groß auf. Hochwertige Weine aus Gunter Künstlers Weinkeller und aus Frankreich bieten die frankophilen Schwestern auf der Weinkarte an.

TIPP

Im Sommer finden Musikveranstaltungen des Rheingau Musik Festivals im Weingut statt.

Weingut Künstler
Geheimrat-Hummel-Platz 1 a
65239 Hochheim
Tel. (0 61 46) 8 38 60
www.weingut-kuenstler.de

Der Geist des Weines

RheinWeinWelt in Rüdesheim

Selten war die Neubelebung eines Industriegebäudes so sinnfällig wie bei den denkmalgeschützten Asbach-Gebäuden in Rüdesheim am Bahnhof. „Der Geist des Weines", früher ein bekannter Werbeslogan für den Asbach-Weinbrand, ist überall noch spürbar und wird mit neuem Leben erfüllt. In den ehemaligen Betontanks der Destillerie sind heute Weinautomaten untergebracht: Weinprobe auf Knopfdruck aus Dispensern. Weine von 80 Weingütern aus den Anbaugebieten Rheingau, Rheinhessen, Mittelrhein, Mosel und Nahe sind im Angebot. Der Eintritt zu dem Industriedenkmal ist frei. Wer die Weine verkosten möchte, erhält am Empfang ein Probierglas, eine Verkostungsliste mit Stift für Notizen, eine Tüte mit hausgemachtem Popcorn und eine Einkaufstasche. Für die Proben kaufen die Gäste 10 oder 20 Jetons – mit denen werden die Automaten gefüttert. Pro Jeton gibt es einen kleinen Probeschluck von 0,02 Litern ins Glas. 160 Weine von Nierstein bis Königswinter stehen in dem originellen Ambiente dieses besonderen Ortes zur Auswahl. Darunter so klangvolle Namen wie Barth (Hattenheim), Chat Sauvage (Johannisberg), Fetz (Mittelrhein), Dr. Kauer (Bacharach, Mittelrhein), Kruger-Rumpf (Münster-Sarmsheim, Nahe) und Eva Vollmer (Mainz-Ebersheim, Rheinhessen).

Die glitzernden Original-Glasfliesen und die Patina aus einem Jahrhundert Weinbranderzeugung bilden die einzigartige Kulisse für ein ungewöhnliches Weinerlebnis. Entspannt flanieren die Besucher auf ihrer Weinreise in einen der sieben begehbaren ehemaligen Asbach-Branntweintanks oder den großen Probierraum. Wem ein Wein gefällt, der kann diesen direkt vor Ort flaschenweise kaufen und in die Einkaufstasche packen. In der Weinlounge bietet die Bistroküche Kleinigkeiten wie Vespergerichte oder warme Speisen zum Wein an. Dazu gehören auch regionale Spezialitäten wie Käse vom Rheingau Affineur und Schinken von der Metzgerei Bach. Der Genussgedanke findet sich auch in der „Weinkost" in der RheinWeinWelt: Handgefertigte Spezialitäten und leckere Delikatessen verführen zum Erlebnisshopping.

TIPP
Käse&WeinShow:
Käseseminar – an kleinen Kupferkesseln wird traditionell-handwerklich Käse hergestellt.

RheinWeinWelt
Am Rottland 6
65385 Rüdesheim
Tel. (0 67 22) 9 44 02 77
www.rheinweinwelt.de

Riesling-Götter im Olymp

Weingut Robert Weil in Kiedrich

Ein Weingut der internationalen Spitzenklasse: Robert Weil gehört seit Jahrzehnten zu den höchstbewerteten Weingütern Deutschlands, genießt internationale Anerkennung und wird als einziges Weingut zur Kategorie „deutsche Luxusmarke" gezählt. Der idyllische Gutshof ist ein ganz besonderer Ort: Erbaut wurde er von dem englischen Kunstmäzen John Sutton, 1875 erwarb es dann Robert Weil. Seitdem produziert das Weingut feinste Rieslinge. Schon vor über 100 Jahren waren Weil-Weine international ein Begriff, bei der Jungfernfahrt des Luftschiffes Graf Zeppelin nach New York stand eine Trockenbeerenauslese von Weil auf der Weinkarte. Ende der 1980er-Jahre engagierte sich der japanische Getränke-Konzern Suntory in dem renommierten Weingut, das heute in der vierten Generation, vertreten durch Wilhelm Weil, geleitet wird.

Das beeindruckende Anwesen mit modernem Glasanbau lässt die Herzen der Weinfreunde höherschlagen: In der sehr modernen und geschmackvoll eingerichteten Vinothek können Besucher die edlen Tropfen verkosten. Das Weingut produziert ausschließlich Riesling aus besten Kiedricher Lagen wie dem Gräfenberg, dem Turmberg und dem Klosterberg. Um einen nachhaltigen Eindruck von den grandiosen Weinbergen zu erhalten, empfiehlt es sich für Besucher, direkt vom Weingut eine kurze Weinwanderung durch die Weinberge zur Burgruine Scharfenstein zu unternehmen. Die Lage Gräfenberg kann auf eine lange Geschichte verweisen: Schon im 12. Jahrhundert wurde sie erwähnt, in der Lagenklassifizierung von 1867 ist sie eine von zwölf Rheingauer Weinbergen erster Klasse. Sehenswert ist auch der Holzfasskeller, den Gäste besichtigen können.

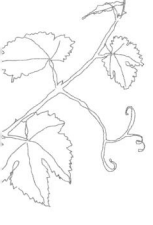

Das Weingut vermittelt die Aura eines französischen Château: selbstbewusster Auftritt, höchste Ansprüche bei der Qualität. Lese per Hand ist selbstverständlich, die Weine vom einfachen Riesling trocken bis hin zur edlen Trockenbeerenauslese werden sorgfältig auf höchstem technischen Standard vinifiziert und entsprechen dem typischen Geschmacksprofil des Weinguts.

TIPP

Bei der Jahrgangsverkostung Anfang September können die aktuellen Weine probiert werden.

Weingut Robert Weil
Mühlberg 5, 65399 Kiedrich
Tel. (0 61 23) 23 08
www.weingut-robert-weil.com

27

Wine on the Water

Rössler Linie in Rüdesheim

Ein Schiff ist ein perfekter Ort, um Wein zu genießen: Vom Wasser aus bietet sich ein ganz eigener Blickwinkel auf die Weinberge des Rheingaus. Weinfreunde genießen den Wein und sehen gleichzeitig die Lage, auf der er gewachsen ist.

Kapitänin Bianka Rössler leitet das Familien-Schifffahrtsunternehmen in siebter Generation: Schon als Kleinkind wiegten sie die Rheinwellen in den Schlaf, wenn sie mit ihrem Vater auf dem Strom unterwegs war. Heute übt sie ihren Beruf mit Leidenschaft aus: Vier Rheinschiffe gehören zur Flotte, Frau Kapitänin fährt persönlich. Die Weinverkostungen auf dem Schiff gibt es regelmäßig einmal pro Monat – Gruppen ab zehn Personen können die Tour auch individuell buchen.

Das Rüdesheimer Weingut Dr. Nägler stellt die Weine für die schwimmenden Weinproben bereit. Tilbert Nägler ist ein routinierter Weinmacher: Als Außenbetriebsleiter von Schloss Reinhartshausen war er verantwortlich für 90 Hektar Weinbergsfläche, als Kellermeister in Rheinhessen im Weingut Schloss Westerhaus sammelte er Erfahrungen im Ausbau von Spätburgunder. Das Weingut Dr. Nägler bewirtschaftet 8,5 Hektar Weinberge in den Rüdesheimer Spitzen-Steillagen Rüdesheimer Berg Schlossberg, Rottland und Roseneck. Bei der fachkundig moderierten Weinprobe an Bord der Rössler Linie schauen die Gäste direkt auf den berühmten Rüdesheimer Berg – ein imposanter Anblick. Kapitänin Bianka Rössler muss sich allerdings konzentrieren: Bei Rüdesheim, am sogenannten „Binger Loch", schwenkt der Strom nach Norden ins Rheinische Schiefergebirge und verengt sich. Weniger erfahrene Schiffsführer lassen sich von Lotsen durch die gefährliche Engstelle manövrieren.

An Bord der Rössler-Passagierschiffe gibt es noch weitere Wein-kulinarische Events: Sehr beliebt sind die Veranstaltungen KrimiDinner und Musical-Dinner-Show. Zu den Shows werden leckere Menüs mit den passenden Weinen serviert. Die Ausflugsschiffe werden vor allem für Betriebsausflüge, Geburtstagsfeiern, Familientreffen und Hochzeiten gebucht: Rheinromantik pur.

TIPP
Feuerwerk vom Schiff aus erleben: Rhein in Flammen im Juli, August und September.

Rössler Linie
Lorcher Straße 34
65385 Rüdesheim
Tel. (0 67 22) 23 53
www.roesslerlinie.de

28

Biodynamische Perfektion
Weingut Peter Jakob Kühn in Oestrich

Als Peter Jakob Kühn Anfang der 2000er-Jahre den radikalen Wandel im Weingut hin zur biologisch-dynamischen Landwirtschaft einleitete, war er sich des Risikos durchaus bewusst: „Entweder wir scheitern oder stehen in ein paar Jahren an der Spitze." Nach Qualitätseinbußen während der Umstellungs- und Experimentierphase steht nun fest: Die Weine sind die höchstbewerteten im Rheingau, das Weingut zählt heute zur Weltspitze.

Seit 2012 leitet mit Peter Bernhard Kühn und Viktoria Kühn die zehnte Generation den Familienbetrieb. Kaum ein Weingut kümmert sich so intensiv wie die Kühns darum, in ihren Weinbergen in den besten Oestrich-Winkeler Lagen wie Hallgartener Hendelberg und Oestricher Klosterberg ein individuelles Biotop zu schaffen. Um den Boden lebendig zu gestalten und die Artenvielfalt zu erhalten, fügen sie den Weinbergen natürlichen Kompost, zum Beispiel Kuhmist, genau dosiert zu. Die gelungene Balance zwischen Natur und landwirtschaftlicher Nutzung sorgt für die optimale Qualität der Trauben – die gilt es nun in die Flasche zu bringen. Ein erfahrenes Team liest zu 100 Prozent per Hand – die Rieslingtrauben werden bei niedrigem Druck langsam gepresst. Peter Bernhard Kühn lässt dem Wein im Keller viel Zeit: Schon die einfachen Gutsweine reifen ein Jahr auf der Hefe im großen Holzfass, die Lagenweine zwei Jahre und die „Unikate" sogar drei. Die Reifezeiten hängen aber immer vom Jahrgang ab. Die hochgelobten Spitzenweine Mittelheimer Sankt Nikolaus Riesling Großes Gewächs und Schlehdorn Riesling trocken gehören zur weltweiten Champions League der Rieslinge – tiefgründige Weine mit komplexer Aromenstruktur. Die Spätburgunder beeindrucken ebenfalls: Peter Bernhard Kühn hat in Burgund Erfahrungen mit dieser edlen Rebsorte gesammelt. Den Rieslingen der Kühns gelingt es immer, Weininteressierte emotional zu berühren – dies ist durchaus Absicht. Schon im Gutswein ist die Philosophie der Weinmacher zu spüren: Die ursprüngliche Kraft, der „Pulsschlag der Traube" ist schmeckbar.

TIPP
Kulinarische Jahrgangs-
verkostung: jeweils erstes
Wochenende im Mai und
im September.

Weingut Peter Jakob Kühn
Mühlstraße 70
65375 Oestrich-Winkel
Tel. (0 67 32) 22 99
www.weingutpjkuehn.de

Steinhaus für Gourmets

Das Graue Haus in Winkel

Uralte Burgen und Kirchen gibt es viele – aber 1000-jährige Wohnhäuser findet man selten. Nahezu unscheinbar liegt das wahrscheinlich „älteste Steinhaus Deutschlands" in der Graugasse: Von adligen oder kirchlichen Bauherren zwischen dem 9. und 11. Jahrhundert erbaut gilt es als Stammsitz der Familie von Greiffenclau. Überregional bekannt wurde das Bruchsteingebäude in den 80er-Jahren des letzten Jahrhunderts: „Weingraf" Erwein Matuschka-Greiffenclau hatte ein Restaurant eingerichtet, in dem ein ambitioniertes Team rasch einen Stern erkochte. Und dies, obwohl nur regionale Weine auf der Karte standen – damals eine Sensation. Nach dem Tod des Grafen fiel der Gourmettempel in einen Dornröschenschlaf, aus dem er 2021 erweckt wurde. Heute lockt der besondere Ort für Wein, Genuss und Lebensfreude wieder die Feinschmecker an. Ein kulinarisches Quartett verwöhnt die Gäste im legendären Haus: Im Restaurant, dessen gotische Bogenfenster den Charta-Riesling-Weinen aus dem Rheingau als Logo dienen, wird die feine Küche zelebriert. Der Blick auf den Rhein fasziniert genauso wie die mediterran inspirierten Gerichte. Im Bistro geht es einfacher, wenn auch nicht weniger genussvoll zu. Außer den kleinen Gerichten zum Wein sind auch die Kaffeespezialitäten, gerne auch auf der Terrasse, zu empfehlen. Im Innenhof sitzt man während der warmen Jahreszeit an rustikalen Tischen und Bänken: Getränke holen sich die Besucher am Ausschank, das Essen wird zum Tisch gebracht. Kulinarisches Highlight ist die Theke des Feinkostladens: Pasta, Schokolade, Käse – Delikatessen aus Italien, Frankreich und Deutschland sind im Angebot. Spezialitäten aus der Profiküche und warme Speisen können mitgenommen werden. Das Weinangebot ist umfangreicher als zu Graf Matuschkas Zeiten: Neben regionalen Weinen finden sich auch italienische und französische Spitzenweingüter auf der Weinkarte.

Für Romantiker: Standesamtliche Trauungen sind in dem historischen Gebäude ebenfalls möglich.

TIPP
An den Wochenenden gibt es häufig Lesungen und musikalische Auftritte als Menübegleitung.

Graues Haus
Graugasse 8
65375 Oestrich-Winkel
Tel. (0 67 23) 8 85 39 11
www.graueshaus.com

Weinschänke in der Stadt

Weingut Mitter-Velten in Hochheim

Manche Weinfreunde zählen Hochheim nicht so richtig zum Rheingau – zu Unrecht! Auch wenn der Ort am Main wegen der Nähe zu Wiesbaden ein für den Rheingau eher untypisches Kleinstadtflair ausstrahlt, gehört die Hochheimer Weinszene eindeutig zum ländlichen Rheingau.

Im Umfeld einer Geschäftsstraße fällt dem Weinfreund das einladende Weingut Mitter-Velten angenehm auf. Die Weinbautradition in der Winzerfamilie geht auf das Jahr 1730 zurück: 2003 verschmolzen zwei Weingüter zu einem, 2008 wurde der neu gebaute Gutsausschank eröffnet. In dem großzügigen Hof sitzen Weinfreunde gemütlich unter einem großen Schirm – dank Heizstrahlern dauert die Outdoor-Saison hier ein paar Tage länger. Der große Gastraum erhält durch das Kreuzgewölbe ein schönes, weinaffines Ambiente: Eine kundenorientierte Weinstube mit herzlicher Bedienung erwartet die Besucher. In der neuen Vinothek mit Platz für bis zu 40 Personen finden Gäste den richtigen Wein – auf Wunsch gibt es ein Weintasting mit vier Weinen auf einer Schieferplatte.

Die Chefin steht hier selbst in der Küche: Sabine Mitter bereitet die Speisen zu – üppige Portionen zu einem günstigen Preis-Leistungsverhältnis. Weinstubengerecht stehen Schnitzel, Bratwurst, Spundekäs und Käseteller auf der Karte, aber auch Zanderfilet mit Reis. Winzer Martin Mitter hat in Bad Kreuznach seine Weinbautechniker-Prüfung absolviert und bewirtschaftet knapp 8 Hektar Weinberge: 3 Hektar in Flörsheim, 4,8 Hektar in Hochheim. Nahezu ausschließlich Rieslinge und Spätburgunder – dazu etwas Grauburgunder und Dornfelder. Die Rieslinge werden überwiegend im Edelstahltank ausgebaut. Spätburgunder reifen im großen Holzfass – in guten Jahren kommen sie auch schon mal in kleine Barriquefässer. Die Weine haben eine klare Stilistik mit wenig Säure. Kellermeister Martin Mitter folgt dem Geschmack seiner Kundschaft: Selbst die trockenen Rieslinge verfügen über eine natürliche Restsüße.

TIPP
Mitte September gibt's gute bayerische Stimmung in der Weinlaube beim Oktoberfest.

Weingut Mitter-Velten
Frankfurter Straße 31
65239 Hochheim
Tel. (0 61 46) 91 01
www.weingut-mitter.de

Weinfest in der Großstadt

Rheingauer Weinwoche in Wiesbaden

Wenn der Genießer nicht zum Winzer kommt, dann kommt der Wein zum Genießer: Seit 1976 bauen die Rheingauer Winzer einmal im Jahr auf dem Schlossplatz vor dem Wiesbadener Rathaus ihre Weinstände auf und präsentieren ihren aktuellen Jahrgang. Zuerst waren es 33 Weingüter mit nur wenigen Tischen und Bänken – aber rasch kamen in den Folgejahren weitere Weingüter hinzu und das urbane Weinfest wuchs auf angrenzende Plätze. Zehn Tage lang im August können an der „längsten Weintheke der Welt" weininteressierte Großstädter den Wein ihres Lieblingsweinguts direkt vor der Haustüre genießen. Das kulinarische Volksfest in Wiesbadens Fußgängerzone verströmt eine eigene, lebensfreudige Atmosphäre. Freunde und Familien verabreden sich bei „ihrem" Winzer, beim After-Work-Clubbing klingt bei einem Glas Riesling der Arbeitstag aus, mit einem prickelnden Glas Sekt werden Freundschaften besiegelt. Die fröhliche Stimmung belebt die Innenstadt: Die Geschäfte profitieren von dem Weinfest mit großem Publikumsandrang. Auf den drei Bühnen spielen bekannte Bands live mit Rock-Klassikern auf, neben Pop & Soul geht der Trend hin zu jugendlicheren Musikstilen. Über die Jahre ist auch das kulinarische Angebot gewachsen: An rund 20 Ständen bieten gastronomische Betriebe passende Gerichte zum Wein an. Rund 100 Weingüter sind bei der Weinwoche am Start – fast ein Viertel der Rheingauer Weinbaubetriebe. Bei keiner anderen Veranstaltung haben Weinfreunde die Gelegenheit, ein solch umfangreiches Sortiment von Rheingauer Weinen zu probieren und neue Weingüter zu entdecken. Allein bei der Weinwoche 2022 waren sieben neue Jungwinzer dabei.

Über die Jahrzehnte hat sich die Weinkultur verändert: 2002 hatte das traditionelle Römerglas ausgedient. Jedes Jahr gibt es nun ein zeitgemäßes neues Probierglas mit wechselnden Motiven aus der Landeshauptstadt. Die eleganten Stilgläser unterstreichen das besondere Flair des Weinfestes: Nicht die Menge des Alkohols, sondern der kultivierte Wein-Genuss steht im Mittelpunkt.

TIPP

Die Weinbars der Weingüter Balthasar Ress und Laquai in der Fußgängerzone sind ganzjährig geöffnet.

Rheingauer Weinwoche
Schloßplatz, 65183 Wiesbaden
www.wiesbaden.de/microsite/
rheingauer-weinwoche/
index.php

Straußwirtschaft wie früher

Weingut Hanka in Johannisberg

Es gibt Wohlfühlorte, die Eingeweihte nicht gerne verraten – aus purem Egoismus. Sie wollen das Kleinod nur für sich selbst haben. Die Straußwirtschaft Hanka in Johannisberg-Grund ist solch eine Straußwirtschaft mit Kultstatus.

Es ist im Rheingau nicht ungewöhnlich, dass sich vor Gutsschänken schon vor der Öffnung Trauben ungeduldig wartender Gäste bilden – beim Weingut Hanka ist diese Erscheinung noch ausgeprägter: Häufig stehen schon 30 Minuten vor Öffnung viele Weinfreunde vor der Tür. Warum genau, ist schwer zu sagen: Weder ist das Weingut in den großen Weinführern auf Platz eins, noch unterscheidet sich die Küche von denen anderer Gutsschänken. Wahrscheinlich ist es eine Kombination aus mehreren Faktoren: Die Weine von Veit und Sebastian Hanka sind durchweg von sehr guter Qualität und bereiten hohe Trinkfreude – Weine für den Gaumen und nicht für die Galerie zu einem sehr guten Preis-Leistungs-Verhältnis. Zudem fühlt man sich bei der Familie Hanka immer sehr willkommen: Als wäre man bei Freunden zu Besuch.

Rund 11 Hektar bearbeiten Hankas in Geisenheimer, Johannisberger und Winkeler Lagen – Riesling dominiert, aber auch Sauvignon Blanc sowie Weiß- und Spätburgunder sind im Programm. Mit dem Einstieg von Sohn Sebastian ins Weingut ist nun die dritte Generation vertreten. Der Junior dreht mit dem Spitzenwein Generation3 und Barriqueeinsatz beim Rotwein weiter an der Qualitätsschraube. Die Zeitschrift selection hat Sebastian zum „Besten Riesling-Sortiment-Jungwinzer Deutschland 2016" gewählt. Senior Veit Hanka kümmert sich um den Außenbetrieb. Sigrid Hanka zeichnet für die gradlinigen Gerichte verantwortlich: Die klassischen, einfachen Gutsschänkengerichte schmecken „wie in Omas Küche" und sind frisch zubereitet. Die geschmackvoll eingerichteten Gasträume in dem historischen Gebäude, dekoriert mit Gemälden eines Johannisberger Künstlers, sind urgemütlich. Mit dem Projekt „Mischsatz" knüpfen Hankas an die alte Tradition von gemischtem Rebsorten-Anbau in einem Weinberg an. Der spannende Wein sorgt für Gesprächsstoff in der Straußwirtschaft.

TIPP
Die Straußwirtschaft ist im Frühjahr und im Herbst jeweils sechs Wochen geöffnet.

Weingut Hanka
Grund 41, 65366 Geisenheim
Tel. (0 67 22) 88 79
www.weingut-hanka.de

33

Auf zum Piffchenlauf!

RheingauSport in Oestrich

Verborgene Winkel entdecken, kilometerlang durch die Weinberge laufen, die Natur erkunden: Wer sagt denn, dass Weingenießer nicht sportlich sind? Marcus Blenke liebt den Rheingau, den Wein – und er liebt Sport. In den Weinbergen ist der Rastlose immer mit Turnschuhen unterwegs – und selten allein. Der ehemalige Profisportler in Radsport und Duathlon (Fahrrad fahren und laufen) hat auch als Sporttherapeut gearbeitet. Seit er im Rheingau wohnt, schildert er sportliche Routen durch die Weinberge, aber auch durch die schönen Weinorte aus. „Ich will Läufer und Wanderer auch in die Orte hineinlocken", erzählt er.

Ein schönes Beispiel ist die 14 Kilometer lange Hendelberg-Tour. Sie führt über einen Panoramaweg auf den Hallgarter Hendelberg, bietet schöne Aussichten ins Rheintal im Wechsel mit schattigen Waldpassagen und führt durch die Weinberge und Wälder der Weinorte Oestrich, Hattenheim und Hallgarten. Seine Liebe zum Rheingau ist immer dabei, wenn er zu Abenteuer und Entdecken einlädt. Die Touren mit Marcus Blenke führen an Orte, die selbst Einheimische kaum kennen. Mit ungewohnten Ausblicken nach sportlichem Einsatz sorgt der leidenschaftliche Rheingau-Sportler für Glücksmomente bei seinen Mitläufern.

Neben den längeren Runden, die ein- bis zweimal monatlich stattfinden, gibt es auch den regelmäßigen, wöchentlichen „Piffchenlauf" über gut 7 Kilometer. Mit „Piffchen" bezeichnet man im Rheingau ein Glas Wein mit 0,1 Litern Inhalt – mit 0,2 Litern wird es „Schoppe" genannt. Naturliebhaber und umweltbewusste Genusssportler finden bei Marcus Blenke das richtige Angebot: Er führt die Besucher über vorhandene Wege in den Wald, durch die Weinberge und in die Orte – unterwegs weist er auf Straußwirtschaften und Gutsschänken hin. Sein Laufteam ist offen für alle, die mitmachen wollen und sportlich ambitioniert sind. Rheingauer und Besucher sind jeweils etwa zur Hälfte vertreten. Der gemeinsame Abschluss des Lauferlebnisses findet meist in einem Weinlokal statt – das passt zum Rheingau.

TIPP
Sportcoach Marcus Blenke bietet für Gruppen geführte Touren an.

RheingauSport
Mühlstraße 4
65375 Oestrich-Winkel
Tel. (01 76) 70 02 13 59
www.rheingausport.de

34

Weinschloss mit Wasserturm

Weingut Schloss Vollrads in Winkel

Wenn man sich ein idyllisches Weinschloss in der Fantasie ausdenken würde, dann würde es wahrscheinlich so ähnlich aussehen wie dieser Leuchtturm der Weinkultur: ein historischer Turm, ein stattliches Herrenhaus, ein großes Wirtschaftsgebäude mit gepflastertem Innenhof – Schloss Vollrads ist sicherlich eines der beeindruckendsten Weinanwesen im Rheingau. Der älteste Teil ist der charakteristische Wohnturm, der in einem quadratischen Weiher steht. Die adlige Familie von Greiffenclau ließ ihn im 14. Jahrhundert errichten. Weinbau wurde in der Familie nachweislich bereits seit 1211 betrieben. Viele bedeutende Persönlichkeiten, darunter Erzbischöfe und Kurfürsten von Mainz und Trier, hat das Geschlecht hervorgebracht. Mit dem Tode von Erwein Graf Matuschka-Greiffenclau 1997 endete die fast 800-jährige Familientradition auf Schloss Vollrads. Die Nassauische Sparkasse ist seitdem Eigentümerin des Weingutes und des historischen Ensembles.

Auf 63 Hektar Lagen rund um das Schloss (darunter der im Alleinbesitz befindliche Schlossberg) baut das VDP.Weingut ausschließlich Riesling an. Schloss Vollrads hält für Weininteressierte vielfältige Angebote bereit: Im romantischen Innenhof sitzt man lauschig an einfachen Tischen und Bänken und genießt die zauberhafte Stimmung des Gebäudeensembles. In lockerer Atmosphäre, die von Wanderern und Spaziergängern geprägt wird, gilt Selbstbedienung: Am Weinstand werden die aktuellen Weine von Schloss Vollrads ausgeschenkt. Einfache Gerichte wie Flammkuchen und Blechkuchen stehen zur Auswahl.

Wer es gediegener mag, lässt sich im Gutsrestaurant verwöhnen. In der Vinothek im Kutscherhaus können Besucher das Weinsortiment probieren. Im Verlauf des Jahres gibt es für die Gäste eine Vielzahl von Weinveranstaltungen: Kellerführungen, Schlenderweinproben durch die Räume des Schlosses, ein „Riesling-Walk" mit Wein und Vesper durch die Weinberge und den Naturlehrpfad – selbst für Kinder werden Schlossführungen angeboten. Die eleganten Innenräume können für Veranstaltungen und Feste angemietet werden – standesamtliche Hochzeiten sind auch möglich.

TIPP
Der romantische Weihnachtsmarkt im Schlosshof findet immer am zweiten Adventswochenende statt.

Schloss Vollrads
65375 Oestrich-Winkel
Tel. (0 67 23) 660
www.schlossvollrads.com

35

Oxford des Rheingaus

Hochschule Geisenheim University

Den Rang, den im englischsprachigen Raum die berühmten Universitäten Oxford und Harvard einnehmen, diese Stellung hat die Hochschule Geisenheim in der Weinwelt: Seit über 150 Jahren werden hier Önologen ausgebildet, die als hochqualifizierte Winemaker in der ganzen Welt tätig sind. Geisenheim steht für den neuesten Stand der Forschung: Hier wurde die Rebsorte Müller-Thurgau gezüchtet, hier wird mit Hochdruck an Lösungen für die Herausforderungen durch die Klimaveränderungen geforscht. Ein besonderer Ort, an dem Weingeschichte geschrieben wurde und weiter fortgeführt wird.

Dabei ist der Campus mit seinen historischen Gebäuden und seinen Versuchsanlagen auch für Weintouristen zugänglich – Weinforschung zum Anfassen. In den kreisförmigen Anlagen in den Weinbergen Richtung Rüdesheim stehen unterschiedliche Rebsorten, die mit dem erhöhten CO_2-Ausstoß der künftigen Jahrzehnte benebelt werden: ein faszinierender Versuch. An anderer Stelle wachsen Rebstöcke im Vergleich ökologisch und konventionell auf, semi-transparente Sonnenpanels werden ebenfalls getestet. Die Mensa der Universität ist für Besucher offen – wohl die einzige Mensa, in der Wein angeboten wird! Die University betreibt auch ein eigenes Weingut – benannt nach der historischen Villa Monrepos, die sich mit ihrer imposanten Parkanlage auf dem Unigelände befindet. Wein probieren und kaufen ist täglich möglich – zweimal im Jahr finden auch Weinpräsentationen statt.

Ein echtes Erlebnis für Weinfreaks: Die Hochschule bietet auf Anfrage Führungen zu bestimmten Themen an. Der eigens für Veranstaltungen gestaltete Unikeller mit Weinschatzkammer kann auch für Weinveranstaltungen genutzt werden. Mehrfach im Jahr wird die aus einem Studentenprojekt entstandene WineTalkShow „6Glasses1Bottle" als YouTube-Livestream aus dem Unikeller gesendet. In jeder Folge wird eine andere Weinregion vorgestellt – inklusive Weinprobe. Gäste sind herzlich willkommen. Besucher sind auch Gegenstand der Forschung: bei Lehrveranstaltungen zum Thema Weintourismus.

TIPP
Open Campus – Tag der offenen Tür: an zwei Tagen im September mit vielen Events.

Hochschule
Geisenheim University
Von-Lade-Straße 1
65366 Geisenheim
Tel. (0 67 22) 50 20
www.hs-geisenheim.de

36

Alter Druck und neuer Wein

Weingut J. Koegler in Eltville

Die Altstadt von Eltville beeindruckt mit ihren historischen Fachwerkhäusern und den schönen Innenhöfen. Der 1420 erbaute Hof Bechtermünz in einer schmalen Gasse hat zudem eine besondere Geschichte zu bieten: Unter Leitung des Buchdruckers Johannes Gutenberg druckten hier die Gebrüder Bechtermünz 1467 einen der bedeutendsten Frühdrucke: „Vocabularius Ex Quo" – das älteste gedruckte Wörterbuch der Welt. Winzer Ferdinand Koegler erinnert mit dem sehr gelungenen Riesling „1467" an dieses denkwürdige Ereignis.

Das ganze Hofensemble, bestehend aus dem Hauptgebäude, der Vinothek und dem Hotel, ist mit Bruchsteinen gebaut und wirkt wie aus einem Guss. In der Scheune, Baujahr 1563, ist das geschmackvolle Weinhotel eingerichtet. Seit 1899 gibt es das Familienweingut, zuerst im Nebenerwerb betrieben. Aus der Not heraus eröffnete die Großmutter von Ferdinand Koegler 1933 eine Straußwirtschaft – in den 60er-Jahren entstand der Vollbetrieb. Heute gehören 34 Hektar Weinberge zum Weingut, überwiegend in Eltviller Lagen. Riesling ist die Hauptrebsorte des Weingutes – aber auch die Spätburgunder, die im französischen Eichenholz ausgebaut werden, sind erwähnenswert: besonders der gelungene Rubeus. Alle Rotweine reifen 18 bis 24 Monate im Barriquefass. Offensichtlich hat Ferdinand Koegler einen Hang zur Wachau: Seit dem Jahre 2000 baut er 4 Hektar Grüner Veltliner an – seit 2007 auch die österreichische Rebsorte Blauer Zweigelt. Die für den Rheingau ungewöhnlichen Rebsorten werden als Alternative zu Riesling und Spätburgunder gut angenommen. Im Weingut wird auch Verjus hergestellt: Der Saft aus unreifen Trauben wird statt Essig zum Würzen in der gehobenen Gastronomie und in Bars für Cocktails verwendet. Eine sehr schöne Vinothek und ein Weinstand im Hof mit Wein und Flammkuchen beleben die historischen Gebäude. Donnerstags und sonntags wird im Weingarten Live-Musik gespielt. Der Gutshof ist ganzjährig geöffnet – in der kalten Jahreszeit treffen sich Weinfreunde bei Koeglers Rieslingglühwein.

TIPP
Weihnachtsmarkt am zweiten Advent im romantischen Hof.

Weingut Koegler
Kirchgasse 5, 65343 Eltville
Tel. (0 61 23) 24 37
www.weingut-koegler.de

37

Lustwandeln im Zauberwald

Osteinscher Park in Rüdesheim

Die Wanderer folgen dem geschwungenen Pfad durch die Büsche und betreten gebückt die dunkle Höhle. Nach wenigen Minuten Dunkelheit erreichen sie geblendet vom Sonnenlicht einen kleinen Raum: Durch die Fensteröffnungen bietet sich durch Blickschneisen ein Panoramablick auf das Rheintal. Im Osteinschen Park am Niederwald oberhalb von Rüdesheim lassen sich adlige Vergnügungen aus dem 18. Jahrhundert nachempfinden. Graf von Ostein ließ auf über 300 Hektar einen Parkwald mit vielen verspielten Gartengebäuden anlegen. Die einer Burgruine nachempfundene Ruine Rossel, der Monopteros am Niederwalddenkmal, die Aussichtsplattform Rittersaal und die Zauberhöhle: romantische Zitate des Mittelalters im Stile englischer Landschaftsgärten, die auch heute die Besucher begeistern. Entstanden ist dadurch ein ganz besonderer Ort, in dem man heute wie der Hochadel in der Zeit der Romantik „lustwandeln" kann.

Immer wieder bieten sich spektakuläre Blicke auf den großen romantischen Strom: flussaufwärts Richtung Eltville, über den Mäuseturm und Bingen in das Nahetal, flussabwärts Richtung Mittelrheintal. Das Bergplateau zwischen Rüdesheim und Assmannshausen ist wegen des 1883 eingeweihten berühmten Niederwalddenkmals touristisch gut erschlossen. Sehr beliebt bei den Besuchern ist ein Rundweg: mit der Seilbahn von Rüdesheim zum Niederwalddenkmal, eine kleine Wanderung zum Jagdschloss, von dort mit der Seilbahn nach Assmannshausen und mit der Bahn wieder zurück nach Rüdesheim. Mit der Seilbahn schwebt man über die Rüdesheimer Weinberge und sieht die Terrassen berühmter Lagen wie Schlossberg, Roseneck und Rottland. Die Gastronomie auf dem Niederwald veranstaltet regelmäßig kulinarische Weinproben mit Rheingauer Weingütern: Die Winzer stellen bei einem Vier-Gänge-Menü persönlich ihre Weine vor. Der romantische Ort lässt sich auch sehr persönlich genießen: Picknickkorb mit Wein gepackt und ab zum Rittersaal. Hoch über dem Rheintal schaut der Sonnenuntergang herrlich aus.

TIPP
Im Restaurant Am Niederwald ein Kriminal Dinner erleben.

Osteinscher Niederwald
65385 Rüdesheim am Rhein
www.ruedesheim.de

38

Prickelndes Weinhotel

Wein- und Sekthaus F. B. Schönleber in Mittelheim

Der Rheingau ist berühmt für seine großen Sektmarken – in den kleinen Manufakturen finden sich aber besondere perlende Qualitätssekte. Seit über 200 Jahren betreibt die Familie Schönleber bereits Weinbau – Senior Franz Schönleber hatte in der Champagne gelernt und begann mit ein paar Tausend Flaschen das Projekt „Winzersekt". Heute wird von den Söhnen ein Viertel der Traubenernte aus der 12 Hektar großen Rebfläche als Schaumwein in klassischer Flaschengärung selbst versektet. Die Rüttelpulte, auf denen die Edelsekte reifen, können im Keller besichtigt werden. Bernd (Kellermeister) und Ralf Schönleber (Außenbetrieb) lassen die Grundweine für die Sekte von Hand lesen – spät gelesene, reife Trauben mit moderater Säure finden die Schönlebers für ihre brillanten Jahrgangssekte ideal. Der Lohn der Arbeit: die Auszeichnung für den besten deutschen Brut Sekt für unter 15 Euro. Auch die Weine sind durchgängig hochwertig: Zu 94 Prozent wird in Oestricher, Mittelheimer und Winkeler Lagen Riesling angebaut. Vom Literwein über „Alte Reben" bis zu VDP.Große Lage. Die Weine überzeugen durch Kraft, Fülle und fein herausgearbeitete Aromen – auch bei den einfachen Weinen. Ihr Einstiegs-Riesling erhielt den Preis „Literwein des Jahres".

Der Familienbetrieb bietet alles, was der Gast an einem Wein-Glücksort sucht: den Dreiklang aus Wein, leckerem Essen und bezahlbarer Übernachtung im Weinhotel. Um die Vermietung der 17 Zimmer im Landhausstil kümmert sich Bettina Schönleber. Prunkstück des prächtigen Gutsausschanks ist die Zirbenstube: Ein österreichischer Schreiner hat kreativ aus 200 Jahre altem Zirbenholz eine gemütliche Weinstube mit eindrucksvoller Holzdecke geschaffen. Der große Kachelofen trägt zur alpenländisch anmutenden Atmosphäre bei. Ortsansässige Jazz-Pianisten setzen sich auch schon mal ans Klavier und sorgen für Stimmung. Seit 2022 ist der renommierte Koch Florian Kreller für die Küche in der „Wirtschaft" zuständig: Er bietet eine sehr ansprechende, regional geprägte Landküche, die sich an der Saison orientiert.

TIPP

An den Sekttagen im Mai und im November kann das gesamte Sektsortiment kostenfrei verkostet werden.

Wein- und Sekthaus
F. B. Schoenleber
Hauptstraße 1 b
65375 Oestrich-Winkel
Tel. (0 67 23) 9 17 60
www.fb-schoenleber.de

Picknick am Rhein

Der Weingarten, Weingut J. B. Becker in Walluf

Wenn ein bayerischer Prinz und ein Rheingauer Charakterkopf sich beim Segeln etwas ausdenken – dann kommt manchmal so etwas einfach genial Gutes wie ein Weingarten direkt am Rhein heraus. Von Luitpold Prinz von Bayern hat Johann Josef, genannt „Hajo", Becker erfahren, wie das System Biergarten funktioniert. In Walluf am Rhein sitzen die Gäste nun so gemütlich wie in einem bayerischen Biergarten – aber bei einem Glas Riesling oder Spätburgunder. Im Weingarten stehen natürlich die Weine im Mittelpunkt. In Selbstbedienung suchen sich die Gäste an der Theke aus dem Sortiment des Weingutes Becker einen passenden Wein aus. Unmittelbar am Rhein sitzen die Besucher unter alten Platanen im Schatten, teilweise sind die Außenplätze überdacht. Zum Weingarten gehört auch ein vollverglaster Wintergarten für die Nutzung bei schlechtem Wetter.

Zum Essen gibt es dazu lediglich Bretzel und Wurst. Das einfache Konzept für diesen entspannten Ort: Die Besucher bringen sich ihr Picknick selbst mit. Viele Familien und Freundeskreise treffen sich in großer Runde mit eigenem Essen und genießen die hochprämierten Becker-Weine dazu. Family Business: Gemeinsam mit seiner Schwester Maria führt Hajo Becker das Weingut. Seine Weine pflegt der Weinmacher so individuell wie seinen Schnauzer. 2013 kürte ihn „Weinguru" Stuart Pigott in der Frankfurter Allgemeinen Zeitung zum „Winzer des Jahres". Becker gilt als „klassischer" Rheingauwinzer, der seinen Weinen aus rund 12 Hektar Weinbergen aus Wallufer, Martinsthaler und Eltviller Lagen im Keller sehr viel Zeit zur Reife lässt: Die Rieslinge bleiben ein Jahr im großen Holzfass, Rotweine lagern gar drei Jahre. Die Weinberge werden ökologisch bearbeitet, die Weine spät abgefüllt. Sie entwickeln dadurch eine ganz eigene Stilistik – Becker-Weine gelten deshalb als sehr langlebig. Es empfiehlt sich auf jeden Fall, die Becker-Weine nicht zu jung zu trinken. Der volle Genuss entfaltet sich besonders bei älteren Jahrgängen.

TIPP
Wer kein Picknick dabeihat, kann das Essen auch beim Pizzadienst bestellen.

Weingut J. B. Becker
Rheinstraße 6, 65396 Walluf
Tel. (0 61 23) 7 03 06
www.der-weingarten.com

40

Wo sich Kellertüren öffnen

Rheingauer Schlemmerwochen

Um den Rheingau zu entdecken, ist der Frühling mit die schönste Zeit. In Walluf begrüßen blühende Kirsch- und Apfelbäume auf Streuobstwiesen die Besucher. Auch die Weinberge erwachen aus dem Winterschlaf: Auf den begrünten Böden zwischen den Rebzeilen leuchtet gelb der blühende Löwenzahn. Die richtige Zeit auch für Genuss. Zehn Tage lang verwöhnen die Rheingauer Winzer die Weinfreunde mit den „Schlemmerwochen". Der legendäre „Weingraf" Erwein Graf Matuschka-Greiffenclau von Schloss Vollrads, damals Rheingauer Weinbaupräsident, initiierte die Schlemmerwoche 1987. Seitdem pilgern Weintouristen in den Rheingau und begeben sich auf Entdeckungsreise. Welches Weingut ist neu dabei? Wer hat seine Anbaumethoden verändert? In welchem Betrieb ist eine neue Generation am Ruder? Über 100 Weingüter öffnen buchstäblich ihre Hoftore und lassen die Besucher hinter die Kulissen eines Weinbaubetriebs schauen. Die Besuche der einzelnen Weingüter lassen sich ideal mit der Rheingaulinie (RB 10) verbinden, die halbstündlich zwischen Wiesbaden und Lorch verkehrt.

Alle Höfe bieten leckere Speisen passend zum Wein an, viele Weingüter haben Musikbands engagiert. Das Programm ist so vielfältig wie die Winzer selbst: Persönliche Führungen durch die Weinkeller und Weinbergsspaziergänge mit Verkostungen ermöglichen den persönlichen Kontakt zu den Weinmachern. Alle aktuellen Weine der Winzer können verkostet werden.

Die ganze Region unterstützt aktiv die Schlemmerwoche. Gemeinsam haben alle Rheingauer Bäcker ein Brot für die Veranstaltung kreiert: das Rheingau 817. Das Brot aus Dinkel und Roggen bekommt durch Weinbergskräuter aus dem Rheingau einen unverwechselbaren Geschmack. „817" bezeichnet das Gewicht und bezieht sich auf die Jahreszahl: 817 wurde urkundlich erstmalig Weinbau im Rheingau belegt. Der originale Brotlaib ist Bestandteil der Speisekarten der teilnehmenden Weingüter. „Rheingauer Klassiker neu interpretiert" lautet das kulinarische Motto der Schlemmerwochen: Spundekäs und Winzerweck gehören seit Beginn traditionell dazu.

TIPP
Schlemmen und gewinnen: Unter den Besuchern werden Übernachtungen und Weinpakete verlost.

Rheingau-Taunus Kultur und Tourismus GmbH
Haus der Region, Rheinweg 30
65375 Oestrich-Winkel
Tel. (0 67 23) 60 27 20
www.rheingau.com/
schlemmerwochen

Weinrestaurant klassisch

Restaurant Zum Krug in Hattenheim

Hier erlebt der Gast den Rheingau in seiner ursprünglichsten Form: Ein wunderschönes Fachwerkhaus von 1720, exzellente Küche und eine über Jahrzehnte gewachsene, mehrfach ausgezeichnete Weinkarte. Der Krug ist im Rheingau eine Institution und ein besonderer Wohlfühlort – und das liegt vor allem an der Gastfreundlichkeit der Familie Laufer. Josef Laufer I. gründete 1948 das heutige Hotel und Restaurant, der Sohn Josef Laufer II. übernahm in den 70er-Jahren und baute das Haus weiter aus. Der große Weinliebhaber etablierte die umfangreiche Weinkarte. Wer besondere Rieslinge aus der Region oder einen bestimmten Jahrgang sucht, wird hier garantiert fündig. Der Weinkeller glänzt mit einer der vielseitigsten Sammlungen Rheingauer Weine weltweit. Der freundliche Patron mit der obligatorischen Fliege setzte auch Maßstäbe im Service: Er war leuchtendes Beispiel für ein hoch professionelles Serviceteam. Der Lohn für das außergewöhnliche Engagement: Gleich mehrfach erhielt er den Titel „Weinliebhaber/Weinkarte des Jahres".

Seit 2003 führt Josef Laufer III. das renommierte Haus. Der im Wiesbadener Hotel „Nassauer Hof" ausgebildete Koch sammelte unter anderem Erfahrungen in Australien und als Chefkoch von Johann Lafers Fernsehküche. Im Rheingau pflegt er eine ambitionierte Küche, die Klassisches und Moderne verbindet. Auf der Karte stehen bodenständige Klassiker wie Sauerbraten vom Bio-Rind – aber auch kreative Gerichte wie „Handkäse Käsekuchen mit Senfkorn Sauerkirschen, Endiviensalat, gelber Bete und karamellisierter Walnuss".

Die Familie produziert auf einem Hektar ihren eigenen Wein: Weinenthusiast Josef Laufer ist persönlich für die Produktion verantwortlich. Die Rieslinge und Spätburgunder stehen auf der Restaurantkarte, werden aber auch im Verkauf angeboten. Neben dem Stammhaus hat die Familie das Alte Rathaus erworben und sorgfältig renoviert. In dem Gebäude befinden sich ein ansprechender Veranstaltungsraum und attraktive Hotelzimmer, die zum genussvollen Aufenthalt einladen.

TIPP
Im November und Dezember gibt es gebratene Gans mit glacierten Maronen, Klößen und Apfelrotkraut.

Restaurant Zum Krug
Hauptstraße 34
65347 Hattenheim
Tel. (0 67 23) 9 96 80
www.zum-krug-rheingau.de

42

Sektprobe über den Dächern

Bachmanns Wein+Kultur in Eltville

Altstadt Eltville, ein ganz normales Geschäfts- und Wohngebäude, kurz klingeln, dann geht's hoch: Im zweiten Stock sind Weinfreunde richtig, hier ist der Genuss zu Hause! In der Wohnung mit Veranstaltungsraum und Dachterrasse erzählt „Vinothekar" Ulrich Bachmann informative, aber vor allem unterhaltsame Geschichten zum Wein. Von der Terrasse aus schauen die Gäste über die Dächer der Altstadthäuser – dadurch wirkt dieser besondere Erlebnisort „so mittendrin". Der Rahmen ist sehr persönlich, wie eine private Einladung.

Seine Veranstaltungen gestaltet Ulrich Bachmann mit seiner Frau Ulrike sehr individuell. Als Talkmaster sitzt er mit drei bis vier Winzern zusammen, und sie parlieren zum Beispiel über „Neue Trends beim Sekt: Pet Nat, Méthode rurale etc." Das klingt erst mal nach Fachsimpelei – ist es aber ganz und gar nicht. Die Besucher verkosten die besprochenen Schaumweine und erfahren dabei spielerisch Wissenswertes über perlende Weine. Passend zum Sektfest in Eltville bietet Ulrich Bachmann auch öffentlich Sektproben an ungewöhnlichen Orten in der Stadt an – danach weiß jeder, was „Klassische Flaschengärung" bedeutet. Kultstatus haben Bachmanns Krimiabende im November. Unter dem Motto „Das Blut tropft – der Wein fließt" lesen Krimiautoren in Weingütern aus ihren Werken.

Bei „Über den Dächern" geht es hingegen eher delikat zu: „Praline und Wein" oder „Käse und Wein" heißen die Themenabende, bei denen die Besucher harmonische Genusskombinationen serviert bekommen. Ulrich Bachmann gestaltet die Abende gerne mit Experten aus der Region: Die Besitzerin des Eltviller Käseladens weiß alles über Käse, die Wiesbadener Pralinen-Manufaktur Kunder führt in die Geheimnisse der Chocolatiers ein. Darüber hinaus veranstaltet Bachmann kurzweilige Sensorik-Weinproben. Weinfreunde können Erlebnisweinproben beim Weinexperten als Sondervorstellung buchen. Diesen Service nutzen gerne Paare oder Familien, aber auch größere Gruppen. Verstärkt werden Bachmanns Weinproben auch als Programmpunkt von Junggesellenabschieden geschätzt.

TIPP

Ende Juni, Anfang Juli findet das Sekt- und Biedermeierfest am Rheinufer und im Rosengarten statt.

Bachmanns Wein+Kultur
„Über den Dächern von Eltville"
Gutenbergstraße 3
65343 Eltville
Tel. (01 72) 6 64 20 19
www.eltviller-vinothek.de

43

Weingut am Meeresstrand
Riesling-Pier in Hallgarten

Ein Rheingauer Weingut liegt am Nordseestrand und heißt Riesling-Pier? Ja, ist halt alles nur eine Frage des Blickwinkels: Bei den Bauarbeiten für die Kelterhalle des neuen Weingutes stieß der Bagger auf feinsten Sand. Wo es Sand gibt, war früher mal ein Meer – sagen die Geologen. Der Rebhang im Hallgarter Würzgarten gehört zum Mainzer Becken, bis hierhin dehnte sich vor 25 Millionen Jahren die Nordsee aus. Die Wellen des Urzeitmeers landeten in Hallgarten am Strand.

Das neue Start-up-Weingut verfügt über Erfahrung im Weinbau: Peter und Christine Keßler stammen aus Winzerfamilien mit langer Tradition. Die Weingüter Keßler in Martinsthal und Bickelmaier in Oestrich sind im Rheingau wohlbekannt. 2008 fing das Winzerpaar zwar klein, aber nicht so ganz bei null an: mit einem Hektar Weinberg und dem Weinausbau in einer Kellerecke von Christines elterlichem Weingut. 2012 bauten sie im Hallgarter Weinberg die Produktionshalle – 2017 folgte der schicke Glasbau mit Vinothek und Gutsschänke. Heute bewirtschaften die Diplom-Önologin und der Maschinenbautechniker 10 Hektar – das junge Weingut ist angekommen.

Riesling ist mit 75 Prozent die wichtigste Rebsorte im Sortiment – Spät-, Grau und Weißburgunder verteilen sich auf die restlichen 25 Prozent. Die Rieslinge aus den Hallgarter Lagen Würzgarten und Hendelberg sowie den Oestricher Weinbergen Doosberg und Lenchen werden temperaturgesteuert im Edelstahltank ausgebaut. Die Rotweine reifen nach der offenen Maischegärung in Barriquefässern. Die reintönigen Rieslinge überzeugen durch klare Aromen und eine „weiche" Säure – keiner dieser Weine hat mehr als 8 Prozent Säure. Der Betrieb punktet vor allem mit den ansprechenden Kabinettweinen. Die Arbeit in Keller, Küche und Service teilt sich das Paar: Durch ihre offene Art konnten sie rasch Stammgäste gewinnen. Die typische Gutsschänkenküche bietet Klassiker und saisonale Angebote. Die Atmosphäre dieses besonderen Ortes lebt von der Gastfreundschaft der ehemaligen Rheingauer Weinkönigin Christine – und dem beeindruckenden, wunderschönen Blick auf das Rheintal von der Terrasse aus.

TIPP
Spaziergang in der Lage Hendelberg, eine der höchsten Weinlagen des Rheingaus, oberhalb des Weingutes.

Riesling-Pier, Weingut Keßler
Rebhangstraße 22
65375 Oestrich-Winkel
Tel. (0 67 23) 88 55 65
www.kessler-wein.de

44

Rheingau anno dazumal
Gutsausschank Baiken in Eltville

Mitten im Weinberg, etwas erhöht am Ortsrand von Eltville, steht ein Gutshof wie aus einer anderen Epoche. Die Domäne Rauenthal erinnert an die Zeit, als der Weinbau im Rheingau von Staatsweindomänen und großen adligen Weingütern dominiert wurde. Die „Wein-Oase mitten im Weinberg" liegt in der Lage Rauenthaler Baiken – eine der höchstbewerteten Rheingauer Spitzenlagen: Weine aus dem berühmten Steilhang mit bis zu 60 Prozent Neigung waren schon Ende des 19. Jahrhunderts weltweit begehrt. 1928 errichtete die Domänenverwaltung den Gutshof mitten in der Toplage – der wunderschöne Gutsausschank passt zum Ruf der Großen Lage. Die Gebäude gehören heute zu den Staatsweingütern Kloster Eberbach. Der Gutsausschank ist verpachtet an das renommierte Gastronomieunternehmen P5 – Inhaber sind unter anderem die bekannten Köche Egbert Engelhardt und Rolf Laudenbach.

Die herzliche Patronin Vera Förster begrüßt die meisten Gäste wie alte Freunde – kein Wunder: „Rund 90 Prozent der Gäste sind Stammkunden!", vermeldet sie stolz. Kein Stammgast zu werden an diesem Ort fällt schwer – er zieht die Gäste immer wieder magisch an. Die Terrasse mit dem wunderschönen Ausblick ist das Highlight – aber auch innen lässt die geschmackvolle, einfach gehaltene Einrichtung gleich ein behagliches Wohlgefühl aufkommen. Bei der Auswahl der Produkte für die Speisen wird gleichermaßen Wert auf Qualität und regionale Bezugsquellen gelegt: Landschwein, Landhuhn, deutsches Rumpsteak von der Landmetzgerei. Die ausgezeichneten Weine spiegeln die Kollektion der Hessischen Staatsweingüter Kloster Eberbach, des größten deutschen Weingutes, wider: Vom Assmannshäuser Höllenberg über den Steinberger bis zum Heppenheimer Centgericht an der Hessischen Bergstraße findet sich auf der Karte das Who is Who der Rheingauer und Bergsträßer Großen Lagen. Elf offene Weine der Staatsweingüter stehen auf der Karte, darüber hinaus stöbern Weinfreunde gerne auf der Flaschenweinkarte, auf der sich auch Raritäten wie eine 1989er Rauenthaler Baiken Trockenbeerenauslese finden.

TIPP
Die Domäne Rauenthal ist auch Spielstätte des Rheingau Musik Festivals von Juni bis September.

Gutsausschank Baiken
Wiesweg 86, 65343 Eltville
Tel. (0 61 23) 90 03 45
www.baiken.de

45

Ein Ort zum Verlieben

Bubenhäuser Höhe bei Rauenthal

Die besten Orte, um den Rheingau von seiner schönsten Seite zu erleben, liegen häufig oberhalb der Weinberge, direkt vor der Waldgrenze. Einer der Premiumplätze in dieser Kategorie ist zweifellos die Bubenhäuser Höhe bei Rauenthal. Auf rund 270 Metern steht eine geschwungene Relaxbank: Wer hier einmal sitzt, mit lieben Freunden und einem Glas Wein in der Hand, der mag so schnell nicht mehr weitergehen, so schön ist es hier. Im Rücken schützt ein lang gezogener Hain, nach vorne erlaubt die weitgehend unbewaldete Höhe einen herrlichen Ausblick. Nach links schauen die Besucher bis nach Wiesbaden und Mainz, direkt vorne grüßen die Rebzeilen der berühmten Spitzenweinlagen Rauenthaler Gehrn und Baiken, nach rechts kann man sich kaum sattsehen an dem Blick in den Rheingau Richtung Eltville und Kiedrich. Bei schönem Wetter nutzen Einheimische und Besucher die Wiese für ein Picknick mit Aussicht. Neben der geschwungenen Bank stehen weitere Sitzmöglichkeiten bereit. Ein hölzerner Pavillon schützt bei überraschenden Regengüssen.

Der Aussichtsplatz eignet sich auch hervorragend als Startpunkt für wohldosierte Rundwanderungen durch die Weinberge, zum Beispiel hinunter zum Weinbergshäuschen „Gehrn Tempel". Oder man nimmt den Rundweg „Rauenthaler Spange": Er führt 8 Kilometer um die Bubenhäuser Höhe herum in den Naturpark Rhein-Taunus. Waldschaukeln und Picknickplätze gehören zum Angebot dieses Premiumwanderweges, der als Schleife des Rheinsteigs angelegt wurde.

In Laufweite vom Aussichtspunkt Bubenhäuser Höhe entfernt befindet sich auch der Rauenthaler Weinprobierstand. Von Ende März bis Ende Oktober schenken von mittwochs bis sonntags die Rauenthaler Winzer wöchentlich abwechselnd ihre Weine aus. Auch von hier lässt sich die Aussicht auf das Rheintal und die Topweinlagen genießen: Der Rauenthaler Gehrn wurde schon in der Lagenklassifizierung von 1867 zu den Weinbergen erster Klasse gezählt, auch der Rauenthaler Baiken gehört zu den Filetstücken im Rheingau.

TIPP
Bubenhäuser Weinrunde an Pfingsten – die Rauenthaler Winzer präsentieren Weine und Snacks.

Betreibergemeinschaft Rauenthaler Weinprobierstand
65345 Eltville
www.rauenthaler-weinprobier
stand.de

46

Wo der Rhein pausiert

Anleger 511 in Eltville

Ein Lieblingsplatz für die ersten Sonnenstrahlen des Jahres: Die ehemalige Verkaufsstelle für „Schiffsbillets" mit „Restaurationshalle" direkt am Rheinkai lockt die Gäste schon im Frühling an. Während andernorts noch überlegt wird, ob man die Stühle rausstellen soll, werden die Besucher hier direkt am Eingang mit Eltviller Sekt oder Rheingauer Wein begrüßt. Die Getränke nimmt man gleich mit an den Tisch, das Essen bringt die flotte Bedienung, die hier stilecht „Crew" heißt. 30/120 ist das Verhältnis der Bestuhlung innen/außen: Der Schwerpunkt liegt eindeutig auf dem Außen-Erlebnis. Ein Besuch im Anleger fühlt sich an wie eine Bootspartie. „Anlegen und genießen" heißt das Motto.

Die kleine Rheinhalle wurde 1902 von Stadtbaumeister Carl Baer errichtet. Sie fügt sich nahtlos ein in die wunderschöne Stadtsilhouette von Eltville – der besterhaltenen Rheingauer Stadtansicht. 2009 wurde das außergewöhnliche Ausflugslokal aufwendig restauriert – schöner als hier sitzt man kaum in Eltville. Aber auch der Blick auf den Rhein und die gegenüberliegende Insel Königsklinger Aue schmeichelt den Augen: Die Aue ist mit 80 Hektar die größte Rheininsel in diesem Abschnitt, sie befindet sich in Privatbesitz. Das vom Anleger aus gut sichtbare Herrenhaus wurde 1909 erbaut. Die Verwalter kümmern sich um die Rinder und Hühner und gelangen mit Booten oder Amphibienfahrzeugen auf die Insel. Die Sitzbänke und Stühle auf der Außenterrasse beim Anleger sind so angeordnet, dass die Gäste immer einen schönen Blick auf den Rhein genießen können. Die Speisekarte ist übersichtlich, es gibt nur wenige Gerichte, die aber sind wirklich gut. Es gilt die Philosophie der neuen deutschen Küche und Fusion Food mit Zutaten aus ökologischem Anbau. Ein Klassiker ist die Bratwurst, die ohne künstliche Zusätze auskommt. Kuchen frisch vom Blech versüßen den Nachmittag. Die Weinauswahl wechselt häufiger und berücksichtigt vor allem Eltviller Winzer, aber auch Top-Weingüter aus dem ganzen Rheingau.

TIPP
Bummeln entlang des 2 Kilometer langen Rheinufers mit Promenade und Weinprobierstand.

Anleger 511
Platz von Montrichard 2
65343 Eltville
Tel. (0 61 23) 68 91 68
www.anleger511.de

47

Wein-Glücksort im Trubel

Breuer's Rüdesheimer Schloss

Die Rüdesheimer Drosselgasse gehört wohl zu den bekanntesten Straßen in Deutschland. Der Touristen-Hotspot ist zwar nur ein gerade mal 144 Meter langes und 2 Meter breites kopfsteingepflastertes Sträßchen – aber mit einer sehr langen Geschichte als Amüsiermeile. Schon im 15. Jahrhundert wurde die Gasse als Quartier für Rheinschiffer erwähnt, dank ihrer Weinwirtschaften erlangte sie in der zweiten Hälfte des 19. Jahrhunderts als beliebtes Ausflugsziel Berühmtheit. Das Erfolgsrezept: Musik und Wein.

Das gilt auch für das Weingasthaus in Breuer's Rüdesheimer Schloss: Mittags spielt Viktor am Klavier, abends das Schloss Quartett, am Wochenende das kleine Salonorchester. Der zauberhafte Innenhof dieses besonderen Hotels liegt etwas geschützt vom Trubel der Drosselgasse – eine kleine Wohlfühloase. Die Schlossküche bietet alles, was der Gast an regionalen, saisonalen Speisen zum Wein erwartet, mit hoher Qualität. Die Zutaten kommen überwiegend von regionalen Lieferanten. Das gilt insbesondere für den Wein: In erster Linie werden Weine des Rüdesheimer Spitzenweingutes Georg Breuer ausgeschenkt – die beiden Häuser sind eng miteinander verbunden. Hotelchefin Maresa Nieten und Winzerin Theresa Breuer sind Cousinen. Darüber hinaus stehen aber auch andere Weingüter auf der Weinkarte.

Das vielfach ausgezeichnete Hotel steht für Qualität – auch und gerade in einem touristischen Ort wie Rüdesheim. Der Übernachtungsbetrieb „zwischen Rhein & Reben" im ehemaligen Zehnthof spielt das Thema Wein sehr intensiv: Für viele Gäste startet der Tag mit einem Ausblick auf die Rüdesheimer Weinberge und setzt sich mit einem Sektfrühstück fort. Die 26 individuell eingerichteten Hotelzimmer bieten Ausblicke auf die Weinberge und die Altstadt. Dem Personal sowohl im Weinhotel als auch im Weingasthaus gelingt es durch persönliches Engagement, eine sehr herzliche und persönliche Atmosphäre zu kreieren. Die Outfits im modernen Landhausstil unterstützen den herzlichen Ton.

TIPP

Weinproben mit Seniorchef Heinrich Breuer im Gewölbekeller des Sickinger Hofs sind ein Erlebnis.

Breuer's Rüdesheimer Schloss
Steingasse 10, 65385 Rüdesheim
Tel. (0 67 22) 9 05 00
www.ruedesheimer-
schloss.com

48

Club der noblen Weintrinker

wineBANK Rheingau in Hattenheim

Das ist wohl der Traum vieler Weinfreunde: Mit einer Scheckkarte öffnet sich die Tür zu einem stylischen Weinkeller, du gehst die Stufen hinab, es riecht nach Feuchtigkeit und Wein, im Hintergrund spielt coole Lounge-Musik, du siehst die vielen Bankschließfächer – alle gefüllt mit Weinflaschen! Du fühlst dich wie ein Kind im Spielzeugladen und weißt gar nicht, wo du zuerst hingehen sollst!

2003 hatte Weingutsbesitzer Christian Ress die Idee, einen „besonderen Ort zu kreieren, an dem Weinbegeisterte Tag und Nacht zusammenkommen können und ihren Wein optimal lagern können." Die erste wineBANK richtete er im Weinkeller des eigenen Weingutes ein. Weinliebhaber, die ein Fach gemietet haben, können den Keller mit Freunden jederzeit betreten. Frisch gespülte Gläser stehen immer bereit, Wasserflaschen ebenso. Die Einrichtung entspricht einem In-Club: Wie in einer Bar stehen Barhocker an der Theke und an Tischen. Regelmäßig finden Veranstaltungen für Mitglieder statt: Die wineBANK ist ein beliebter After-Work-Treffpunkt für Weinfreunde – auch Günther Jauch war schon hier beim Wine Talk. Die einsehbaren, aber natürlich gesicherten Weinschließfächer bieten Platz für 35 bis 332 Flaschen. Abhängig von der Größe zahlen die Nutzer eine monatliche Miete.

Die Idee von Christian Ress hat sich zu einem Franchise-Unternehmen entwickelt: Mittlerweile gibt es elf Standorte der wineBANK. Darunter in der Bankenmetropole Frankfurt, in den Millionenstädten Hamburg und Köln – sogar in Wien und Washington D.C. hat sich das Konzept durchgesetzt. Aber nicht nur Mitglieder haben Zutritt zu den genussvollen Bankkellern: Weinfreunde können eine Weinprobe mit Moderator in der wineBANK buchen (ab sechs Personen) und das besondere Ambiente exklusiv genießen. Das Weingut bietet auch Weinwanderungen – mit Abschlussweinprobe in der wineBANK. Wer bei Balthasar Ress einen Rebstock gepachtet hat, kann im Rahmen der Rebstockpächterlese die wineBANK ebenfalls besichtigen.

TIPP
Wer die Suite im Weingut Balthasar Ress bucht, hat auch Zutritt zur wineBANK.

wineBANK Rheingau
Hauptstraße 7
65347 Hattenheim
Tel. (0 67 23) 9 19 50
www.balthasar-ress.de

49

Jung und kreativ

Weingut Jung-Dahlen in Erbach

Raum ist in der kleinsten Scheune – wenn man die richtigen Ideen hat: Im Weingut Jung-Dahlen hat die sechste Generation mit pfiffigen Innovationen das kleine Familienweingut nachhaltig aufgewertet und nach vorne gebracht. Önologe Sandro Dahlen kümmert sich um den Ausbau der Weine und kombiniert die 150-jährige Familientradition mit innovativen Ideen. Mit der Marke Der Junge Dahlen möchte er „im Glas besondere Glücksmomente entstehen lassen." Im Zuge des Generationenwechsels sorgt die Familie auch durch eine gelungene vinologische Architektur für Glücksmomente. In einer kleinen Nische des Innenhofes haben sie die „kleinste Rheingauer Vinothek" einbauen lassen. Moderne Materialien und ein ausgeklügeltes Lichtkonzept sorgen für schlichten Glanz. Gerade mal sechs Personen passen in den mit Glastüren abgetrennten Raum. Weinmacher Sandro schätzt ohnehin kleinere Gruppen, wenn er Weinliebhabern seine Weinphilosophie nahebringen will.

Weinmacher mit Leidenschaft und Herzblut: Dahlens setzen auf eine naturnahe und nachhaltige Bewirtschaftung der Weinberge. Als kleine Weinmanufaktur hat sich die Familie schon länger einen Namen gemacht – bis zu Sandros Einstieg lief der Betrieb im Nebenerwerb, jetzt im Vollerwerb. Zusammen mit Vater Georg bewirtschaftet der Junior 5,5 Hektar. Überwiegend bauen sie Riesling an, aber auch Spät-, Weiß- und Grauburgunder sowie Chardonnay. Seit 2022 gehört auch die nach Sauvignon Blanc schmeckende PIWI-Sorte Hibernal zu ihrem Portfolio. Die Weinberge liegen in Erbach, Hallgarten, Eltville und in Kiedrich. Sehr spannend ist ihr spezielles „Cuvée": In der Weinbergslage Erbacher Honigberg wachsen in einer Parzelle des Weingutes die Rebsorten Riesling und Chardonnay. Sandro vereinigt die knackige Rieslingsäure mit der Restsüße des Chardonnays zu einem faszinierenden fruchtig-leichten Wein. Dreimal im Jahr gibt's die Straußwirtschaft im kleinen Innenhof und in der Scheune: Mutter Karin liefert die leckeren Köstlichkeiten zum Wein.

TIPP
Harmonie Belmonte Premium Chardonnay trocken und Akkord Spätburgunder Rotwein Barrique trocken.

Weingut Jung-Dahlen
Neugasse 9, 65346 Eltville
Tel. (0 61 23) 6 27 57
www.weingut-jungdahlen.de

50

Im Zeichen des Schwertkampfs

Weingut Wurm in Lorch

Was hat die japanische Kampfsportart Kendō mit Riesling aus Steillagen gemeinsam? Für Winzer Robert Wurm eine ganze Menge! Zum einen die Fitness: Die Steillagen im Rheintal und der Schwertkampf fordern den Körper extrem heraus. Zum anderen die Lebenseinstellung: Der Kampfsport erfordert Geduld, Präzision und Hingabe – genauso wie hochwertiger Qualitätsweinbau. Diese Eigenschaften hat Robert Wurm während seines Studiums in Seoul von einem Kendō-Lehrer gelernt.

Als Quereinsteiger kam der gebürtige Nürnberger erst 2014 zum Weinbau. Als er und seine spanische Frau im Rheingau heirateten, verliebten sie sich auch in die Region. Robert Wurm hatte in den Jahren zuvor im Top-Management verschiedener Konzerne gearbeitet. Jetzt wollte er sich seinen Lebenstraum erfüllen und kaufte in Lorch ein alteingesessenes Weingut – seine vinologische Art der Selbstverwirklichung. In seinem eigenen Weingut verbindet Robert Wurm nun sein Faible für den Kendō-Sport und für Korea mit seiner Leidenschaft für Rheingau-Rieslinge und Spätburgunder.

Das Weingut hoch oben in Lorch ist ein besonderer Ort. Der Blick von der Terrasse auf das enge Rheintal ist beeindruckend. Der Gutsausschank bietet einen leckeren Mix aus „spanisch-koreanisch-Rheingauer Soulfood". Wer hier zu Gast ist, nimmt quasi teil am Leben der Familie Wurm. Die Señora des Hauses serviert spanische Familienkost: Landküche im besten Sinn, zum Beispiel der Cuscús mit mariniertem Fenchel und Chorizo. Hier zeigt sich, wie vielseitig Riesling mit internationalen Gerichten kombinierbar ist.

8 Hektar bewirtschaftet der Quereinsteiger auf steilen Schieferhängen. Fast drei Viertel mit Riesling, rund 20 Prozent Spätburgunder und sogar die internationale Rotweinsorte Cabernet Sauvignon baut Robert Wurm an. Der ansprechende Lorcher Rosé ist eine Cuvée aus dieser Rebsorte und Spätburgunder. Es ist faszinierend, wie der Wein-Newcomer Robert Wurm innerhalb weniger Jahre das Weingut weiter nach vorne gebracht hat.

TIPP
Tapas-Auswahl gemeinsam mit Lorcher Rosé oder Riesling genießen.

Weingut Wurm
Binger Weg 1, 65391 Lorch
Tel. (0 67 26) 83 00 83
www.weingut-wurm.de

Die Region ehrt den Wein

Die Glorreichen Rheingau Tage

Schlemmen wie Gott in Frankreich – oder wie der Weinfreund im Rheingau. Nach dem Vorbild der Genusstage „Les Trois Glorieuses" im französischen Burgund erfanden „Weingraf" Erwein Matuschka-Greiffenclau, der Koch Egbert Engelhardt und der Winzer Bernhard Breuer 1987 die Rheingauer „Glorreichen Tage" – mit der „Riesling Gala" als großes Finale in Kloster Eberbach. Es war damals eine gewagte Idee, eine so große Gourmet-Veranstaltung im kleinen Rheingau anzubieten. Die Weine der Rheingauer VDP.Weingüter stehen im Mittelpunkt – serviert zu einem köstlichen mehrgängigen Menü, das Egbert Engelhardt mit befreundeten Sterneköchen zubereitet.

Das Beste, was Küche und Keller im Rheingau zu bieten haben, verbunden mit einem ansprechenden kulturellen Programm, wird seitdem im November aufgefahren. Zu Beginn waren es nur drei Tage – heute gibt es rund 30 Veranstaltungen an insgesamt zehn Tagen. An allen Tagen lockt an verschiedenen Glücksorten der Weingenuss – kombiniert mit hochwertigen Menüs. Thematisch ist für jeden Weinfreund etwas dabei: Eine große Rotweinprobe mit verschiedenen Spätburgundern aus der berühmten Lage Assmannshäuser Höllenberg, die Rheingauer Edelsektparade mit Menü in den Salons der Sektmanufaktur Schloss Vaux oder die „Rheingau Momente" mit Schatzkammer-Weinen von Schloss Johannisberg, Schloss Vollrads und Kloster Eberbach. Bei vielen Veranstaltungen spielen Live-Bands und kenntnisreiche Probensprecher präsentieren die Weine. Die Region zeigt in jedem November ein Genussfeuerwerk sondergleichen: In der Kategorie „gehobene Weinkultur" spielt der Rheingau in der Champions League. Die Riesling Gala ist immer der Höhepunkt: Im Laiendormitorium in Kloster Eberbach sitzen die Winzer mit ihren Gästen an langen Tafeln. Mehrere Sterneköche bereiten ein sechsgängiges Menü zu – begleitet von Weinen der anwesenden Winzer. Die Bilder der schlemmenden Gäste erinnern an barocke Tischgelage – bei den Glorreichen Tagen steht aber immer der Wein im Mittelpunkt des Genießerglücks.

TIPP

Besonders beliebt ist die Veranstaltung „Die Weil'schen Kellergeister" mit DJ und Rieslingen.

VDP.Rheingau
Mühlberg 5, 65399 Kiedrich
Tel. (0 61 23) 67 68 12
www.vdp.de

Wo bitte geht's zur Weinprobe?

Events rund um den Wein gibt es im Rheingau unzählige das ganze Jahr über – die Themen sind unterschiedlich, aber im Mittelpunkt steht immer der Wein. Jedes Weingut, das etwas auf sich hält, hat eine schmucke Vinothek eingerichtet und bietet täglich **Verkostungen** an. Die Besucher können kostenfrei Weine probieren und in Ruhe entscheiden, welche Rebsorte und welcher Jahrgang ihnen zusagt. Eine Kaufverpflichtung gibt es nicht.

Wie probiert man Wein richtig? Nun – es gibt eigentlich kein Richtig oder Falsch. Über Geschmack lässt sich eben nicht streiten: Ein guter Wein ist grundsätzlich der, der einem schmeckt. Die Winzer haben eine große Sensibilität gegenüber den Vorlieben der Weinfreunde entwickelt und helfen gerne dabei, den richtigen Wein zu finden. Häufig fragen Kunden zuerst nach „trockenen" Weinen, weil es dem Trend entspricht. Nach der Geschmacksprobe kaufen sie aber häufig eher die feinherben Weine. Deshalb macht es Sinn, die Weine in Ruhe zu probieren. Ausspucken in einen Spucknapf oder Reste aus einem Glas in einen Restweinbehälter zu schütten ist absolut korrekt.

Neben dem Besuch der Vinotheken sind **moderierte Weinproben** sehr beliebt: Zum einen präsentieren Winzer selbst ausgewählte Weine aus eigenen Beständen, zum anderen führen erfahrene Probensprecher mit interessanten Geschichten durch „vertikale" oder „horizontale" Verkostungen. Vertikale Proben sind nach verschiedenen Jahrgängen geordnet, horizontale stellen Weine eines Jahrgangs vor. Wenn es um **Veranstaltungen mit Wein** geht, scheinen der Fantasie keine Grenzen gesetzt zu sein: Wandern durch den Weinberg, Fahrradtouren mit Weinverkostung, Planwagenfahrten im Weinberg mit Weinprobe, Segway-Touren, Schlenderweinproben, Käse und Wein Tastings, Weinproben auf dem Schiff, Weinversteigerungen mit Weinproben, offene Weinkeller im Herbst, Musik und Wein, Wein-Talkshows, Online-Verkostungen, Weintaxis, Sekttage, Weinfeste, Rheingau Gourmet Festival – das ganze Jahr über finden Wein-Events unterschiedlichster Art statt.

Neuester Trend: **Yoga und Wein.** Ob als Tages-Retreat mit Yoga im Weinberg oder Yoga und Wein im Weingut Prana in Winkel: Bei dieser

„dynamischen" Weinverkostung werden gemeinsam während des Weingenusses die passenden Yoga-Positionen eingenommen. Und auch das Vereinsleben nimmt sich des Weins an: Der **Rheingauer Weinkonvent** mit Sitz in Kloster Eberbach ist die zweitgrößte Weinbruderschaft in Deutschland – natürlich sind auch „Schwestern" zugelassen. Hier können Weininteressierte ihr Wissen mit Weinverkostungen erweitern: edle Rieslingweine aus renommierten Weingütern wie Schloss Johannisberg (der Geburtsstätte der Spätlese), Kloster Eberbach (Erfinder des Kabinettweins) und Schloss Vollrads, in dem Weinbau schon seit dem 13. Jahrhundert betrieben wird.

„Hier bin ich Mensch,
hier darf ich's sein!"

Jedes Jahr im Frühjahr, mit Beginn der **Schlemmerwochen,** öffnen fast alle Winzerbetriebe ihre Tore und bieten ihre Weine mit leckeren Speisen an. Im Sommer verwöhnt das **Rheingau Musik Festival** das Publikum, im Herbst locken **Weinfeste** und die Weinlese die Besucher. Der Freizeitraum Rheingau ist für viele da: Wanderer auf dem Rheinsteig und Fahrradfahrer vom Rheinweg kehren gerne in Weinwirtschaften ein – denn: „Hier bin ich Mensch, hier darf ich's sein!" (Johann Wolfgang von Goethe).

Winzerhof für Wohnmobile

Weinhof Martin in Erbach

Als im Sommer 2022 die Deutschen Weinmajestäten mit dem Wohnmobil alle 13 Weinanbaugebiete in 13 Tagen bereisten, wurde es augenfällig: „Weincamping" ist auch bei Wohnmobilnutzern ein Trend. Mit der royalen Tour sollten Wohnmobil-Touristen ermuntert werden, die landschaftlich reizvollen Weinlandschaften zu „erfahren". Im Rheingau übernachteten die Weinprinzessinnen mit ihrem Camper auf dem Weinhof Martin. Der Familienbetrieb am Ortsrand von Erbach wirkt wie ein Wein-Bauernhof: Der große Hof ist einladend bestuhlt, man sitzt an einem lauschigen Teich, ein Pavillon spendet Schatten. Bei zahlreichen Wein-Events wie der Schlemmerwoche, „Weinlese mit meinem Winzer" oder Glühweinausschank mit Live-Musik geht es gemütlich zu. Der ideale Ort für Wohnmobil-Urlauber: Acht Plätze mit Strom- und Wasseranschlüssen sind vorhanden, auf dem individuellen Platz gibt es eine Sitzecke am Grillplatz.

In der ansprechend gestalteten Vinothek können die Gäste Weine probieren und aus einem reichhaltigen Angebot wählen. An der Weinqualität haben Winzermeister Günter Martin und Sohn Michael in den letzten Jahren konsequent gearbeitet: Die Aufnahme in den VINUM Weinguide und die Auszeichnung für den Goldmuskateller (der einzige im Rheingau) sind die Anerkennung dafür. Das Weinangebot reicht bei den Weißweinen von Riesling über Weißburgunder bis zu Chardonnay und Goldmuskateller. Die Rotweine Spätburgunder und Cabernet Sauvignon werden im Holzfass ausgebaut. Die Familie bewirtschaftet rund 12 Hektar Weinberge in kontrolliert umweltschonendem Anbau in ausgezeichneten Erbacher und Kiedricher Lagen wie dem Erbacher Michelmark und der Premiumlage Kiedricher Gräfenberg. Erfahrungen in der Rotweinherstellung hat Michael bei einem renommierten Ingelheimer Weingut gesammelt. Darüber hinaus offeriert die Familie ein breites Sortiment selbst gemachter Spezialitäten: Traubensaft, Secco, Brände, Liköre und Riesling-Balsamessig – die Liste ist verblüffend lang!

TIPP
Am Weinautomaten können Gäste rund um die Uhr in Selbstbedienung flaschenweise Wein kaufen.

Weinhof Martin
Bachhöller Weg 4, 65346 Erbach
Tel. (0 61 23) 6 28 56
www.weinhof-martin.de

El Dorado für Weinliebhaber

Weinlager Ludwig von Kapff in Eltville

Ein Weinladen mitten in einem Weinanbaugebiet – macht das Sinn? Ein internationales Weinangebot wie in den Hanse-Großstädten Hamburg und Bremen in einer Kleinstadt? Na klar – das passt zusammen! Der Rheingau war schon immer offen für die große, weite Weinwelt. Winzer aus der Region stehen seit Langem im Austausch mit den Spitzenweingütern in den großen Weinregionen wie Bordeaux, Toskana, Kalifornien oder Südafrika. Da sieht sich der Rheingau auf Augenhöhe – sowohl im Ansehen als auch in der Qualität. Von daher ist es nur folgerichtig, dass das traditionsreiche Bremer Weinhandelsunternehmen Ludwig von Kapff nicht nur in Norddeutschland und in Hannover Weinlager unterhält, sondern auch in Eltville.

Filialleiterin Frances Schubert ist geprüfte Sommelière und kennt sich mit regionalen und internationalen Weinen sehr gut aus. Ob großer Bordeaux oder Großes Gewächs, ob kleiner Primitivo oder kleiner Müller-Thurgau: Ihre Beratung orientiert sich am Wunsch des Kunden. In ihrem Sortiment sind alle wichtigen Weinregionen vertreten, von Baden bis Rheinhessen, von Apulien bis zum Western Cape in Südafrika. Und natürlich ist der Rheingau mit herausragenden Weingütern dabei. Von Allendorf über Künstler, Leitz und Trenz bis Weil sind große Namen im Regal. Aber auch Weingüter wie das Weingut Kaufmann oder die Sektkellerei Ohlig sind dabei. Da es keine Rheingauer Gebietsvinothek gibt, ist der Weinladen durchaus eine gute Gelegenheit, sich einen Eindruck von den Rheingauer Weinen zu verschaffen. Und die Besucher können über den Rand ihres Weinglases hinausschauen, welche Angebote es in der Weinwelt sonst noch so gibt. Besonders groß ist die Auswahl an Weinen aus deutschen Anbaugebieten: Silvaner aus Franken und Rheinhessen, Burgunder aus der Pfalz und Riesling von der Mosel gehören natürlich mit dazu. Die Auswahl lässt die Herzen der Weinfreunde höherschlagen. Regelmäßig finden im Weinlager Weinproben zu interessanten Weinthemen statt. Über Rebsorten, Weinländer, Anbaugebiete, Winzer-Typen und Mythen ausgewählter Weine kann man sich dabei fachkundig informieren lassen.

TIPP
After-Work-Wein-Tastings donnerstagnachmittags in lockerer Atmosphäre.

Ludwig von Kapff Weinlager
Matheus-Müller-Platz 1
65343 Eltville
Tel. (0 61 23) 60 66 06
www.ludwig-von-kapff.de/
weinladen-eltville

Die fantastischen Brüder

Weingut Josef Spreitzer in Oestrich

Rheingauer Weingeschichte und Gegenwart – beides strahlen die Zwillingsgebäude am Ortseingang von Oestrich aus. Die 1899 errichtete Jugendstilvilla und die moderne Vinothek nebenan, die wie eine aktuelle Variation wirkt, spiegeln nach außen die Geschichte eines ungewöhnlichen Rheingauer Weingutes. Die Brüder Andreas und Bernd Spreitzer haben entscheidend dazu beigetragen, dass dieser besondere Weinort auch in der Jetzt-Zeit eine Rolle spielt. Die Vinothek wurde auf dem historischen Gewölbekeller von 1743 errichtet – die hohe Weinqualität der Spreitzers basiert auf der Arbeit der vorangegangenen Generationen: Schon Großvater Josef Spreitzer erntete 1920 als Gutsverwalter im Oestricher Bremerberg-Eiserberg einen Riesling mit einem unglaublichen Mostgewicht von 303 Grad Oechsle. Dieser Wert war bis ins Jahr 2003 das Rekordmostgewicht im Rheingau. In Erinnerung an diesen großen Wein trägt die Spreitzer Spätlese aus demselben Weinberg noch heute den Namen „303".

Auf rund 30 Hektar bauen die Spreitzers in Weinbergen von Geisenheim bis Hattenheim zu 95 Prozent Riesling an – der Rest ist mit Spätburgunder bepflanzt. Vom Gutswein bis zur Trockenbeerenauslese (TbA) werden die Weine wegen ihrer hohen Qualität durchgängig hochgelobt. Die 2020er Oestricher Lenchen Eiserberg Riesling TbA wurde zum besten edelsüßen Riesling Deutschlands gekürt. Spreitzers sind eines der wenigen Top-Weingüter im Rheingau, die sich auch für den Ausbau der frucht- und edelsüßen Rieslinge einsetzen. Auch in den trockenen Jahren präsentieren sich die Weine cremig mit klarer Frucht: Die Oestricher und Hattenheimer Lagen verfügen über gute Wasserspeicher-Eigenschaften, die alten Rebstöcke haben lange Wurzeln entwickelt. Den Großteil der Trauben liest ein erfahrenes Leseteam per Hand. Die extraktreichen Beeren werden oftmals als „Ganztraube" gepresst. Der Most lagert in deutschen Eichenholzfässern und Edelstahltanks während der Gärung. Es ist den Brüdern wichtig, den Weinen bei ihrer Entwicklung Zeit zu geben – das schmeckt man!

TIPP
Ein Besuch in der Vinothek lohnt sich – im Frühjahr und Herbst ist die Straußwirtschaft geöffnet.

Weingut Josef Spreitzer
Rheingaustraße 86
65375 Oestrich-Winkel
Tel. (0 67 23) 26 25
www.weingut-spreitzer.de

55

Weinfest mit Aussicht

Wein Genuss am Morschberg, Johannisberg

Gleich neben dem berühmten Schloss Johannisberg erhebt sich der Morschberg – er ist weniger bekannt, aber die Aussicht von hier auf den Rhein ist mindestens genauso spektakulär. Von Mai bis September betreiben die Johannisberger Weingüter den Weinprobierstand am Panoramaweg auf dem Morschberg – Weingenuss mit bester Aussicht. Richtung Osten schauen die Besucher zum Schloss Johannisberg, nach Süden ins breite Rheintal, bis weit über Rheinhessen hinweg in die Pfalz, nach Westen und Norden zu den Wäldern des Taunus: ein wahrer Panoramablick. Zu den Füßen der Weingenießer fällt steil der Geisenheimer Kläuserweg ins Tal, daran anschließend die Weinlagen Johannisberger Klaus und der Schlossberg. Im Ausschank vertreten sind so renommierte Weingüter wie Hanka, J's Johannisberger Sekthaus und Prinz von Hessen. Das Denkmal der Flurbereinigung gleich neben dem Stand gewährt einen Einblick in die Veränderungen der Weinbergslandschaft im Laufe der Jahre – und schützt zudem vor Wind. Folgt man dem Panoramaweg Richtung Geisenheim, gelangt man zum Rothenberg: Der Hausberg der Geisenheimer wurde 2012 zur schönsten Weinsicht des Rheingaus gewählt.

Auf der Kuppe des Morschbergs treffen die Gemarkungen der weinbautreibenden Stadtteile Geisenheim, Johannisberg und Marienthal aufeinander: ein idealer Platz für ein besonderes Weinfest der „Internationalen Stadt des Weines und der Reben". Immer am dritten Wochenende im September treffen sich viele Weinbegeisterte auf dem Morschberg und genießen die unverwechselbare Atmosphäre in den Weinbergen. Beim „Wein Genuss am Morschberg" sind 16 Weingüter, darunter namhafte wie Dillmann, Sohns, Trenz und das Weingut der Hochschule Geisenheim mit Genussständen vertreten. Einheimische und Besucher zieht es mit Kind und Kegel gleichermaßen hoch zur Genussmeile. Neben Wein werden regionale kulinarische Produkte wie Forellen aus dem Wispertal und frische Flammkuchen aus dem Holzbackofen angeboten. Wein und Natur genießen und dazu im Glas der passende Wein: So wird Herkunft erlebbar.

TIPP
Von Johannisberg Grund dauert der Aufstieg über den Hohlweg zum Morschberg gerade mal 20 Minuten.

Geisenheimer
Weinbauverein e. V.
65366 Geisenheim
Tel. (0 67 22) 4 97 97 12
www.morschberg.de

Rebstock für die Ewigkeit

Weinberg der Ehe in Kiedrich

Der Rebstock steht als christliches Symbol auch für Fruchtbarkeit – vielleicht erklärt dies das große Interesse am Weinberg der Ehe. In dem eigens angelegten Weinberg oberhalb von Kiedrich in der Lage Wasseros wurden mittlerweile mehr als 3000 Riesling-Rebstöcke an Hochzeitspaare vergeben, die im Kiedricher Standesamt geheiratet haben.

Angefangen hat alles 1975: Unmittelbar neben der Burgruine Scharfenstein pflanzten die Kiedricher 700 Rebstöcke an. Das erste Brautpaar, das neben der Heiratsurkunde auch die Besitzurkunde für einen Rebstock mit eigener Nummer erhielt, war die Rheingauer Weinkönigin Jutta Staab. Die Winzermeisterin aus Kiedrich heiratete einen Winzermeister aus Erbach – ein passendes Geschenk für die beiden. Seitdem erhalten alle, die sich im historischen Rathaus Kiedrich das Ja-Wort geben, einen eigenen Weinstock im Weinberg der Ehe. Die erste Flasche Wein aus diesem speziellen Weinberg übergab eine Kiedricher Delegation 1978 dem damaligen Bundeskanzler Helmut Schmidt in Bonn. Von dem Platz vor dem Turm bietet sich ein wunderschöner Ausblick auf Kiedrich, die Weinberge und den Rhein.

Der Wein aus dem speziellen Weinberg ist übrigens Chefsache: Das Weingut Steinmacher & Sohn von Bürgermeister Winfried Steinmacher kümmert sich um die Pflege des Weinbergs und den Ausbau der Weine. Im Rahmen des jährlichen Kiedricher Rieslingfestes werden alle Ehepaare eingeladen. Die „Weinpaare" reisen aus der ganzen Welt in den Rheingau. Bei diesen Treffen schenkt die Gemeinde Wein vom Weinberg der Ehe aus – mit eigenem Etikett. Wer im Kiedricher Standesamt heiraten möchte, muss früh einen Termin reservieren: Angelockt von der Aussicht auf einen eigenen Rebstock sind Hochzeitstermine schnell ausgebucht.

Wer den Wein aus dem speziellen Weinberg genießen möchte, ohne gleich zu heiraten, kann ihn bei der Stadtverwaltung kaufen: Der Riesling Wein wird feinherb angeboten, zudem gibt es einen Kiedricher Sekt brut. Den Wein aus diesem Weinberg sollte man auf jeden Fall zu zweit genießen!

TIPP
Von der Ortsmitte wandert man rund 20 Minuten auf dem gut ausgeschilderten Weg zum Weinberg der Ehe.

Weinberg der Ehe
65399 Kiedrich
Tel. (0 61 23) 9 05 00
www.kiedrich.de

Weinberg der Ehe

Die Weinberge prägen das Bild des gotischen
Weindorfes Kiedrich und der Wein die hier
lebenden Menschen.

Die Gemeinde Kiedrich hat daher 1975
unmittelbar bei der altehrwürdigen Burgruine
Scharfenstein einen Weinberg der Ehe angelegt.

Für jedes Paar, das vor dem Standesamt
Kiedrich die Ehe schließt, ist ein Weinstock
angepflanzt worden.
Die Eheleute erhalten nach der Trauung eine
Urkunde, in der auch die Nummer ihrer
Rieslingrebe verbrieft ist.

Damit will die Gemeinde die Verbundenheit mit
ihren Bürgern dokumentieren.
Mögen die Rieslingreben im Weinberg der Ehe
Symbol sein für die dauernde Bindung der
Kiedricher Bürger an ihre Gemeinde, auch wenn
sie einmal an einen anderen Ort verzogen sind.

DER GEMEINDEVORSTAND

Die Suche nach dem Urwein

Weingut Carl Ehrhard in Rüdesheim

Carl Ehrhard hat Prinzipien, eine klare Linie. Ein Winzer wie ein Riesling aus dem Rüdesheimer Berg: kraftvoll, eigenständig, traditionsbewusst. Und das in Rüdesheim, wo der Weintourismus mehr Wert legt auf kurzweiliges Vergnügen als auf tiefgründigen Charakter. Seit 1998 führen Carl und Petra Ehrhard das Weingut mit der über 150-jährigen Tradition. Hauptsächlich Riesling, dazu Spätburgunder und etwas Grauburgunder bauen sie in den Rüdesheimer Toplagen wie Berg Rottland und Berg Roseneck auf gerade mal 7 Hektar an. Kellermeister Carl Ehrhard setzt konsequent auf selektive Handlese. Die mit Urstück bezeichneten Rieslinge sind geschmacklich von den unterschiedlichen Böden der einzelnen Lagen geprägt und versprechen höchsten Genuss. Die Herkunft dieser Weine wird durch den Gewannnamen dokumentiert – das ist dem Winzer ein großes Anliegen. Mit dem Weingesetz von 1971 verschwanden die alten Flur- und Lagennamen kleiner Parzellen, Carl Ehrhard will an sie erinnern. Im Berg Rottland nennt er sie Urstück Brunnen, Rottland und Wilgert. Rieslingen aus dem Berg Roseneck gibt er den Zusatz Ramstein.

Es geht ihm aber um viel mehr als reine Bezeichnungen: Auch im Keller arbeitet er die unterschiedlichen Weintypen heraus. 90 Prozent der Weine werden mittlerweile spontan vergoren, das heißt, er verwendet weitestgehend natürliche Hefen, die im Weinberg und im Keller vorhanden sind. Der Ausbau erfolgt in traditionellen 1200-Liter-Stückfässern. Der leidenschaftliche Weinmacher lässt seinen Weinen Zeit: Sie kommen erst 15 Monate nach der Lese in den Verkauf. Sehr ansprechend sind auch die Spätburgunder, die in gebrauchten Barriquefässern reifen und unfiltriert abgefüllt werden.

Weinvielfalt erleben, heißt die Devise: Bei Ehrhards in der Gutsschänke sitzt man gemütlich an stilvollen Holztischen im Schein von Art-déco-Lampen im „Wijnhuis" oder in der „Stube" auf farbigen Sofas inmitten von alten Buffets. Die klassische regionale Weinküche wird vom Weinmacher selbst zubereitet: Spinatknödel, Suppen der Saison, eine Salatauswahl oder Wildgulasch gehören zum Repertoire.

TIPP
Die Gutsschänke ist im Frühjahr und Herbst geöffnet und steht für Feiern zur Verfügung.

Weingut Carl Ehrhard
Geisenheimer Straße 3
65385 Rüdesheim
Tel. (0 67 22) 4 73 96
www.weingut-carlehrhard.de

58

Die schönste Weinsicht

Ruine Nollig in Lorch

Die schönsten Weinsichten muss man sich erarbeiten: Zum Aussichtspunkt an der Burgruine Nollig gelangt man nur zu Fuß oder mit dem Fahrrad. Für den Aufstieg durch die Weinberge des Lorcher Schlossberges vom Rheinufer aus überwinden Weinwanderer rund 100 Höhenmeter. Nach einer halben Stunde wird man dann aber auch mit einem ausgezeichneten Ausblick belohnt.

Über 10.000 Teilnehmer haben 2020 auf der Webseite des Deutschen Weininstituts an der Abstimmung über die schönsten „Weinsichten" in den 13 deutschen Anbaugebieten teilgenommen, für den Rheingau wurde der atemberaubende Blick vom Rastplatz unterhalb der Ruine ausgewählt. Seitdem schmückt eine Stele diesen besonderen Ort. Eine Bank ist so positioniert, dass man den Blick rheinabwärts Richtung Kaub und rheinaufwärts Richtung Lorch schweifen lassen kann. Von oben kann man auch sehr gut die Rheininsel Lorcher Werth betrachten: Hier sollte in den 1920er-Jahren ein monumentales Ehrenmal für die Gefallenen des Ersten Weltkrieges errichtet werden. Die Weltwirtschaftskrise verhinderte dies.

Die Ruine Nollig ist eine der 40 Burgen, Schlösser und Ruinen im Welterbetal – das ist Weltrekord. Sie wurde auf dem die Stadt Lorch überragenden Bergrücken in 176 Metern Höhe als Teil der Stadtmauer errichtet. Ursprünglich gehörte das Bauwerk den „Edlen von Lorch". Für Wohnzwecke war der Bau allerdings ungeeignet und wurde nur als Beobachtungsposten verwendet. Der Wehrturm wurde um 1300 als Teil der Stadtbefestigung erbaut, die die Stadt rheinabwärts sichern sollte. Die Ruine Nollig befindet sich in Privatbesitz und kann deshalb nicht von innen besichtigt werden.

Bei Wanderern besonders beliebt ist die Sitzgruppe mit zwei hölzernen Bänken und einem Tisch unterhalb der Burgruine. Sie ist der perfekte Platz für ein Weinpicknick – und wird auch häufig dafür genutzt. Die Sitzgruppe steht direkt am Rheinsteig, dem berühmten Premiumwanderweg von Wiesbaden-Biebrich bis Bonn.

TIPP
In Lorch lohnen sich Besuche in der Weinwirtschaft Laquai und im Weingut Weiler.

Burgruine Nollig
65391 Lorch, Tel. (0 67 26) 1 80
www.lorch-rhein.de

„Ei Gude, wie?" am Fässchen

Weinprobierstand Fässchen Walluf

Mit der Rheingauer Begrüßung „Ei Gude!" liegt man beim Besuch des Weinprobierstands Fässchen auf jeden Fall richtig. Hier mag man es vertraut-familiär, Einheimische sitzen auf den Bänken einträchtig neben Weintouristen. Beim Blick auf die Segelschiffe im kleinen Wallufer Rheinhafen mit einem Glas Wein in der Hand kommt bei Weinfreunden Wohlfühlstimmung wie im Urlaub auf. Ein echtes altes Holzfass dient den Wallufer Winzern als Weinstand für den Ausschank. Die Weingüter wechseln sich wöchentlich ab, immer am Mittwoch startet der neue Winzer mit seinem Sortiment. Von Ostern bis zum Beginn der Weinlese hat der Probierstand praktisch jeden Tag geöffnet: unter der Woche montags bis freitags immer ab 17 Uhr, am Wochenende ab 15 beziehungsweise ab 11 Uhr.

Rund um den Weinprobierstand hat sich einiges getan: Die Gemeinde Walluf hat in den letzten Jahren große Investitionen in die Gestaltung des Rheinufers getätigt. Die Walluf, die neben dem Weinprobierstand in den Rhein mündet, wurde renaturiert. Eine neue Edelstahlbrücke über den Bach sorgt für einen bequemen Zugang zum Weinprobierstand. Zum Rhein hin wurden Sitzstufen aus Stein gebaut – bei schönem Wetter ähnelt der Platz einer großen Freizeitanlage: Kinder planschen im Bach, die Erwachsenen genießen ihren Wein.

Die Weingüter aus Nieder- und Oberwalluf führen überwiegend Riesling im Programm, aber auch Rosé und Rotweine wie Spätburgunder aus den sechs Wallufer Lagen wie Gottesacker, Langenstück und Walkenberg werden angeboten. Vertreten sind so renommierte Weingüter wie J. B. Becker, André Bug, Russler und Weber. Gerne kehren hier Fahrradfahrer auf dem Weg zum Schiersteiner Hafen ein – ebenso Wanderer auf dem Leinpfad, die in Richtung Eltville unterwegs sind. Vom Wallufer Fässchen aus lässt sich das bunte Treiben am Rheinufer betrachten: Segelboote laufen aus, Motorboote werden vom Trailer ins Wasser gelassen. Auf dem schwimmenden Hausbootrestaurant „Die Schwabbel" findet gerade eine Familienfeier statt, Enten schwimmen im Bach in Richtung Sonnenuntergang.

TIPP
In der kalten Jahreszeit wird an schönen Tagen Glühwein ausgeschenkt.

Fässchen
Rheinallee 1, 65396 Walluf
Tel. (0 61 23) 7 14 95
www.faesschen-walluf.de

Kleinod mit Tradition
Weingut und Restaurant Klostermühle in Kiedrich

Die Klostermühle am Ortsrand von Eltville ist ein bezaubernder Ort Rheingauer Weinkultur – mit großer Geschichte. Die Mönche von Kloster Eberbach haben sie schon 1218 als Außenbetrieb angelegt. Seit 1786 gehört der Familie Witte das Anwesen. Die bekannte Rheingauer Mundartautorin Hedwig Witte hatte hier ihr Zuhause. In ihren Gedichten und Theaterstücken schrieb sie in Dialekt Lobeshymnen auf ihre Heimat: „Der Rheingau ist die ‚gut Stubb‘ in Hessen!", lautet ein Zitat von ihr.

Heute bewirtschaftet ihr Enkel Lorenz Witte mit seiner Frau Catharina die Klostermühle – deren Name schon von Weitem auf dem Dach sichtbar geschrieben steht. Der perfekte Ort für Feiern mit Weingenuss: Mit Haupthaus, Weincabinett, Weingewölbe, der Jagdstube mit offenem Kamin und dem Hedwig-Witte-Festsaal stehen mehrere sehr schmucke, stilvolle Räumlichkeiten zur Verfügung. Hinzu kommt noch der gepflasterte, idyllische Innenhof. Die Klostermühle ist der perfekte Ort für Familienfeiern und Hochzeiten.

Weinmacher Lorenz Witte hat Önologie in Geisenheim studiert. Auf knapp 6 Hektar in den Eltviller Lagen Kalbspflicht und Taubenberg baut er Riesling und Burgunder an. Ertragsreduzierung, gesundes Lesegut und mehr als 80 Prozent Handlese sorgen für Qualität im Weinberg. Im Keller setzt Lorenz Witte auf Ganztraubenpressung und schonende Verarbeitung: Reintönige Weine mit feinen Aromen sind das Ergebnis. Catharina Witte kümmert sich um das Restaurant und das Hotel. Die Küchencrew ist sehr kreativ und kocht auf gehobenem Restaurantniveau. Die Gerichte auf der Karte lesen sich verheißungsvoll, machen neugierig und schmecken wie versprochen: „Frische und regionale Küche mit dem gewissen Etwas." Wobei die Familie Witte Wert darauf legt, dass der Weinstubencharakter erhalten bleibt und Straußwirtschaftsgerichte wie Spundekäs, der leckere Flammkuchen und das Vesperbrett immer auf der Karte stehen. Die Inneneinrichtung ist sehr geschmackvoll: Catharina Witte modernisiert behutsam und mit Liebe zum Detail. Das Konzept für das Übernachtungsangebot lädt zur vinophilen Entspannung ein: „Mit den Reben schlafen."

TIPP
Besuch im Weingarten mit „Weck, Woscht un Woi to go".

Weingut Klostermühle
An der Klostermühle 3
65399 Kiedrich
Tel. (0 61 23) 40 21
www.klostermuehle.de

61

Immer der Flasche nach

Flötenwanderweg in Oestrich-Winkel

Nein, auf diesem wunderschönen Wanderweg folgt man keinem Flötenspieler – mit der Flöte ist nicht das Musikinstrument, sondern die grüne, geschliffene, gebietstypische Rheingauer Weinflasche gemeint. Folgen die Weinfreunde dem vom Rheingauer Künstler Michael Apitz gestalteten Logo, einer Flasche mit zwei Füßen und einem Wanderstock mit Stoffbeutel, bietet sich ein wunderschöner Ausblick auf den mittleren Rheingau. Auf der Länge von 10 Kilometern verläuft der Weg knapp oberhalb der Weinberge, aber unterhalb der Waldgrenze des Rheingaugebirges.

Idealerweise starten die Wanderer im Höhenort Hallgarten vom Weinprobierstand aus und laufen in Richtung Westen parallel zum Rhein oben in den Weinbergen ohne größere Steigungen. Die Strecke verbindet die vier Ortsteile der größten hessischen weinbautreibenden Gemeinde Oestrich-Winkel. An Schloss Vollrads vorbei führt der bequeme Wanderweg bis zum Schloss Johannisberg. An beiden berühmten Weinschlössern kommt kein Weinenthusiast vorbei, ohne in den ansprechend gestalteten Vinotheken die hochbewerteten Weine zu verkosten. Sowohl auf Vollrads als auch auf Schloss Johannisberg warten Gutsschänken mit leckeren Speisenangeboten auf die Genusswanderer. Auf der Strecke befinden sich einige hölzerne Pavillons: für das wettergeschützte Picknick unterwegs. Weintouristen können auch von den drei Weinorten am Rhein (Oestrich, Mittelheim und Winkel) zum Flötenweg hinauflaufen. Die Zubringer sind zwischen 2,5 und 4 Kilometer lang und leicht ansteigend.

An jedem ersten Wochenende nach Pfingsten laden die Oestrich-Winkeler und Johannisberger Winzer zum „Wandererlebnis Flötenweg“. Gutgelaunte Menschen strömen an zwei Tagen auf den Flötenweg und lassen sich an über 20 Ständen von den Weingütern mit dem aktuellen Jahrgang und passenden Gerichten zum Wein verwöhnen. Musikalische Auftritte von örtlichen Blaskapellen und Gesangvereinen sorgen für eine entspannte Stimmung. Das Wandererlebnis Flötenweg verwandelt die Weinberge in eine besondere Feierlandschaft.

TIPP

An den Flötenwandertagen bringt ein Shuttlebus die Wanderer zurück zum Ausgangspunkt.

Verkehrsverein Oestrich-Winkel
Hauptstraße 87
65375 Oestrich-Winkel
Tel. (0 67 23) 6 01 28 06
www.floetenweg.de

Wo's Sträußche' hängt,
werd ausgeschenkt!

Straußwirtschaft – wer hat's erfunden? Die Erfindung der Weinwirtschaften, in denen Weinerzeuger zu bestimmten Zeiten ihren Wein ausschenken und dies mit einem **bunten Sträußchen am Hoftor** signalisieren, geht angeblich auf Karl den Großen zurück. Der Kaiser ordnete 795 an, dass auf jedem seiner Weingüter mindestens drei Weinwirtschaften einzurichten seien, in denen der eigene Wein ausgeschenkt werden sollte. Als Kennzeichen der Weinschänken sollten Kränze aus Weintrauben aushängen.

Ob der Rheingau die erste Region mit Straußwirtschaften war, ist nicht verbrieft: Auf jeden Fall gibt es im Rheingau eine lange Tradition der auch **„Heckewirtschaft"** genannten, feucht-fröhlichen Einrichtung. Die Schankerlaubnis für Straußwirtschaften ist durch Länder-Verordnungen klar geregelt: In Hessen dürfen Weinerzeuger für die Dauer von längstens vier Monaten in höchstens zwei Zeitabschnitten eine Straußwirtschaft betreiben. Es dürfen nur „kalte und einfach zubereitete warme Speisen verabreicht werden", zudem dürfen nicht mehr als 40 Sitzplätze vorhanden sein. Gutsschänken hingegen sind vollkonzessionierte Gaststätten in Weingütern – für diese gelten die Einschränkungen nicht. Um flexibel zu bleiben, betreiben deshalb viele Weingüter eine Gutsschänke.

„Wollen'se en herbe
oder en milde?"

Das typische **Straußwirtschafts-Flair** jedenfalls ist überall gleich: Die Gäste sitzen beisammen in lauschigen Gärten oder holzverkleideten Stuben, trinken Wein und essen dazu kleine Speisen wie Spundekäs oder Sülze mit Bratkartoffeln. „Wollen'se en herbe oder en milde?", ist die Standardfrage der Bedienung. Es hat etwas Beruhigendes, wenn die Komplexität der Welt auf zwei Geschmacksrichtungen reduziert wird. Die Gespräche an den Tischen, die man zwangsweise mithört, da man sich wegen Platzmangel häufig an belegten Tischen noch irgendwie dazusetzt, drehen sich oft um die gleichen Themen: Wo gibt's aktuell den besten Riesling, wo schmeckt der Winzerweck am

besten? Was für eine wunderbare Welt, in der Probleme draußen bleiben und nur das zählt, was auf dem Tisch steht, und wenn die Menschen auf den Stühlen rund um diesen Tisch für den Augenblick die wichtigsten sind.

Die klassische Straußwirtschaft ist eine **kleine heile Welt,** in die sich jedes Wochenende Tausende Weinfreunde mit Wonne flüchten. Ursprünglich waren Weinschänken als Möglichkeit für die Winzer gedacht, ihre Weine zu bestimmten Zeiten in Wohnzimmer, Garage oder Hof direkt an die Kundschaft auszuschenken und dazu kleine Speisen, wie Leberwurstbrote, anzubieten. Über die Jahre haben sich die Straußwirtschaften im Rheingau zu einer unverzichtbaren Weingastronomie und zum Hauptanziehungspunkt für den Weintourismus entwickelt.

Für Gesprächsstoff sorgen die **wechselnden Öffnungszeiten.** Manche Winzer unterbrechen während der Lese den Betrieb ihrer Schänke – und der Zeitpunkt der Lese hängt vom Wetter ab. Ein Blick auf die Webseite des Weingutes informiert über den aktuellen Stand.

Die Auswahl reicht von einfachen Gartenschänken bis hin zu vollwertigen Gutsrestaurants. Manche Winzerfamilie räumt wie früher ihre „gut Stubb" aus, um für wenige Wochen im Jahr den eigenen Wein an die Gäste auszuschenken. Die Betreiber achten darauf, dass der **Weingenuss** immer im Mittelpunkt bleibt: Der Rebensaft ist das „Kerngeschäft", das niemand aus den Augen verliert. Weinschänken sind ein eigenständiges Genre, das sich deutlich von Restaurants unterscheidet. Straußwirtschaften verkörpern wie keine andere Einrichtung Rheingauer Lebensart: Herz und Seele einer Region, die Weinkultur am Schanktisch auslebt.

Weinkultur im besten Sinne
Keller & Kunst Kontor in Kiedrich

Wie kreativ man Wein, Kultur, Musik, Geist, Freude und Business zusammenbringen kann, beweist eindrucksvoll Hubert Allert in seinem Keller & Kunst Kontor im Herzen von Kiedrich. Im historischen Backhaus hat der frühere Leiter von Schloss Reinhartshausen einen entspannten Ort für vinologische Poesie geschaffen. Wer hier eintritt, erlebt eine kleine, feine, inspirierende Wein-Genuss-Wohlfühlwelt. Sorgfältig ausgewählte Weine Rheingauer Spitzenweingüter stehen in dekorativen Wein-Holzregalen zum Verkauf. Aber das Kontor ist mehr ein lebensfroher Verweilort als ein purer Weinladen und mutiert abends zur Weinbar. Wöchentlich wechseln die Ausschankweine – „darf's dazu vielleicht ein wenig Schinken sein, frisch geschnitten von der Schwungradmaschine?" Plaudern mit dem freundlichen Hubert Allert gehört allemal dazu, ohne ein Glas Wein verlässt so gut wie niemand diesen „Ort der Lebensfreude" (Lokalpresse). Und im lockeren Gespräch entdeckt man Weingüter, von denen man vorher noch nie gehört hat. Zum Beispiel das Kleinstweingut Dalgaard&Jordan mit Riesling von beiden Seiten des Rheins. Und probiert dann deren Gin und Wermut aus Riesling. Mit einem Glas Wein in der Hand beginnen viele Besucher zu stöbern: Weinliteratur, Weinpräsente, Kunst von Kessy Scriba, Zeitschriften, über 80 Weine – und viele touristische Informationen über Kiedrich und den Rheinsteig. Der beliebte Wanderweg führt direkt am Kontor vorbei – ein perfekter Ort für eine kleine Rast.

Zum Kunst & Keller Kontor gehört auch ein lichtdurchfluteter Atelierraum. Regelmäßig treten hier Musiker „ohne Steckdose" auf. Oder Hubert Allert lädt zum „Public Viewing", wenn ein Rheingauer Winzer online seinen Jahrgang präsentiert. Der Patron ist immer für eine kreative Veranstaltungsidee gut: Buchvorstellungen oder Sektempfänge für Brautpaare gehören ebenso zum Repertoire wie ein Fotoshooting mit einem Hutsalon. Bei alledem herrscht immer eine positive Atmosphäre, die gemeinsame Freude am Kulturgut Wein verbindet im Keller & Kunst Kontor Gast und Gastgeber.

TIPP
Hausmusik handgemacht und live: häufig sonntags um 17 Uhr.

Keller & Kunst Kontor
Oberstraße 14, 65399 Kiedrich
Tel. (01 73) 6 35 85 66
www.kellerundkunst.de

63

Aurelias romantischer Hof

Weingut Hamm in Winkel

Ein großes Holztor vor einem romantischen Innenhof, den man so eher in Verona erwartet hätte. Aber bei Hamms steht nicht Julia, sondern Aurelia auf dem Balkon. Und überhaupt: Zum Auf-dem-Balkon-Stehen hat sie gar keine Zeit, Wein macht sich nicht von allein, Biowein schon mal gar nicht. Das 7 Hektar große Weingut wird schon seit Ende der 70er-Jahre biologisch bewirtschaftet. Senior Karl-Heinz Hamm war einer der ersten Biowinzer im Rheingau. In der Lage Winkeler Dachsberg begann er mit ökologischem Weinbau. Nachdem sich die Weinqualität wie erhofft steigerte, stellte er alle seine Weinberge um. Seit 1990 unterliegt der Betrieb dem Kontrollverfahren für den ökologischen Landbau.

Der sensible Umgang mit der Natur ist für Hamms mehr als eine vordergründige Marketingstrategie. Qualität wächst im Weinberg: im Winkeler Hasensprung, Dachsberg und Jesuitengarten wird der alte Rebbestand gepflegt. Pflanzliche Düngemittel, niedrige Erträge, selektive Handlese: Hamms spielen gekonnt auf der Klaviatur qualitätssteigernder Maßnahmen. Der Lohn der Mühen sind mineralische Weine mit schöner, klarer Frucht. Tochter Aurelia hat die Leitung des renommierten Bioweingutes übernommen – und startet durch: Die neue Weinlinie Aurelia Hamm ist auf der Flasche. Auch ihr Bruder Julius engagiert sich im Weingut. Die Gutsküche leitet Christine Hamm, unterstützt von zwei Köchinnen. „So viel Öko wie möglich" gilt auch hier: Das Öko-Walnussbrot wird täglich nach Hausrezeptur selbst gebacken. Die frische Ware kommt aus der näheren Umgebung und wird nach Möglichkeit bei zertifizierten Ökobetrieben eingekauft. Die Speisekarte ist kreativ und abwechslungsreich – in der Winterpause werden immer wieder neue Gerichte ausprobiert. Im Innern des historischen Gebäudes von 1766 sitzt man in authentischen Räumen nach heimeliger Rheingauer Gutsherrenart – und im sehr schönen Innenhof mit Kiwis wähnt man sich in einer italienischen Weinlaube.

TIPP
Bei der Oestrich-Winkeler Jazzwoche Ende Juli finden Konzerte im Innenhof statt.

Weingut Hamm
Hauptstraße 60
65375 Oestrich-Winkel
Tel. (0 67 23) 24 32
www.hamm-wine.de

64

Oranger Sekt-Adel
Sektmanufaktur Schloss Vaux in Eltville

Im Rheingau gibt es viele namhafte Schaumweinhersteller – unter ihnen sticht die Sektmanufaktur Schloss Vaux mit ihren hochbewerteten Sekten hervor. Der noble Look beginnt schon mit der Einstiegs-Cuvée „Cuvée Vaux" – der Klassiker in Orange. Eine gut abgestimmte Cuvée aus den Rebsorten Weißburgunder, Riesling, weiß gekelterter Spätburgunder und Chardonnay – eine geglückte Verbindung von Schmelz, Frucht und zarter Säure. „Brut" bedeutet, dass der Zuckergehalt nicht mehr als 12 Gramm pro Liter beträgt, das ist ähnlich wie „trocken" beim Wein. Bei Schloss Vaux ist Brut Programm – die Sekte werden ausschließlich in dieser Geschmacksstufe angeboten.

Die traditionsreiche Manufaktur ist in der Sektstadt Eltville angesiedelt: Das imposante Backsteinhaus von 1900 am Ortsrand der Stadt verweist auf eine deutsche Firmengeschichte – aber der Name Vaux klingt französisch. Und in Lothringen liegen auch die Wurzeln der Sektmanufaktur. 1868 wurde Schloss Vaux in Berlin gegründet, in den folgenden 80er-Jahren erwarb die Firma das bei Metz an der Mosel gelegene Château de Vaux mit Weinbergen: daher die Namensgebung. Nach dem Ersten Weltkrieg wurde Lothringen französisch – der Standort musste aufgegeben werden, die Eigentümerfamilie verlegte das Sektgut nach Eltville. Nach wechselnden Eigentümern findet sich 1982 schließlich ein kleiner, feiner Freundeskreis, der Schloss Vaux übernimmt und in eine AG umwandelt: Die Rheingauer Wein- und Sektkultur liegt den Aktionären am Herzen.

Das Edelrenommee des feinen Sekthauses gründet auf der Qualität der Rheingauer Lagenweine in Hattenheim und Geisenheim. Alle Sekte werden in klassischer Flaschengärung produziert. Hochgelobt sind die Réserve-Sekte – Riesling und Rosé. Neu im Programm ist der Blanc de Blancs Réserve. Das historische Haus wird offen geführt: Bei kulinarischen Themenveranstaltungen, zum Beispiel mit Käse oder Austern, erleben die Gäste die geschmackliche Vielfalt der Schaumweine. Besonders beliebt sind die Sektproben in den eleganten Salons der Bel Étage des Firmensitzes.

TIPP
Es gibt regelmäßige Sektveranstaltungen zu Themen wie „Ladies only" oder „Käse liebt Sekt".

Sektmanufaktur Schloss Vaux
Kiedricher Straße 18 a
65343 Eltville
Tel. (0 61 23) 6 20 60
www.schloss-vaux.de

65

Pionier der Moderne

Weingut Trenz in Johannisberg

Im Rheingau erregte es Aufsehen, als der junge Wuschelkopf Michael Trenz 2007 die bestehende Straußwirtschaft im Ortskern von Johannisberg radikal umbaute: reduziert modern und trotzdem warm, gestylt und trotzdem ländlich, ungewöhnlich und trotzdem vertraut. Die Neuinterpretation des Themas Weinwirtschaft mit einheimischen, natürlichen Materialien kam beim Publikum sehr gut an: Die Weinstube, der lichte Innenhof, der aufgewertete historische Gewölbekeller – hier hat Trenz ein Statement gesetzt. Man sitzt drinnen sehr gemütlich, im Winter mit Kaminfeuer. Draußen im mediterranen Innenhof ist es im Sommer sehr angenehm. Das Angebot des kreativen Küchenchefs im Gutsausschank reicht von einfachen Speisen zum Wein wie Spundekäs oder Flammkuchen bis hin zu aufwendigen Gerichten wie Zweierlei Stubenküken mit Karotten-Ingwer-Püree.

Seit 1670 betreibt die Familie Weinbau – heute bearbeitet Michael Trenz 28 Hektar in herausragenden Johannisberger und Rüdesheimer Lagen. Zudem hat er 2 Hektar in Stellenbosch/Südafrika gepachtet: Aus den Rebsorten Shiraz, Malbec, Petit Verdot und Merlot kreiert er ein ansprechendes, kräftiges Rotwein-Cuvée – genannt „Trenz2two". Durch akribische Arbeit ist es Michael Trenz gelungen, in den letzten Jahren die Qualität seiner Rieslinge, Weiß- und Spätburgunder und des Sauvignon Blancs um den entscheidenden Schritt zu verbessern. Die charakterstarken Weine verfügen über eine spürbare Säure, klare Aromen und einen schmeckbaren mineralischen Ton. Michael Trenz liest die Trauben möglichst spät und per selektiver Handlese. Die behutsame Pressung der Trauben optimiert die Qualität der Traubenmoste.

Der überzeugte Winzer versteht sich auch als Botschafter des Weins und der Region. Michael Trenz bietet Wanderungen durch die eigenen Weinberge an und erklärt vor Ort seine Arbeit. Ein Vorrat an gekühlten Weinen als kleine „Weinerfrischung" für Wanderer steht im Gutsausschank immer bereit.

TIPP

Rebstockpacht: Kunden können einzelne Rebstöcke pachten und erhalten eine Flasche Wein pro Jahr.

Weingut Trenz
Schulstraße 3
65366 Johannisberg
Tel. (0 67 22) 75 06 30
www.weingut-trenz.de

66

Kuschelig beim Wein

Bug's Gutsschänke in Walluf

Eine Weinstube wie eine Berghütte – die Gäste fühlen sich, als ob sie in den Alpen Urlaub machen würden. Schon von außen sieht das alte Fachwerkhaus der Bugs aus wie eine rustikale Almhütte. Der Eindruck setzt sich innen nahtlos fort: Decken und Wände sind rustikal mit Holz verkleidet, zwischendurch liegt Fachwerk frei, viele kleine Dekorationen runden das Bild ab. Das lang gestreckte Gebäude wurde 1965 als Gutsschänke eröffnet und besteht aus drei Räumen – einer heimeliger als der andere. Der letzte Raum mit den Sitzbänken aus Holzstämmen und dem offenen Kamin bietet Hüttenzauber pur: Unter einer Holzschräge gibt es einen Minitisch für zwei Jungverliebte. An den blanken Tischen diskutieren die Gäste aber nicht über Erlebnisse auf Skipisten, hier parlieren die Weinliebhaber lebhaft über die Weine. So kuschelig warm es für die Gäste im Winter am knisternden Kaminfeuer ist – so angenehm kühl sitzen sie im Sommer im Hof in der Weinlaube.

Weinbauer Claus Bug begrüßt die Gäste in der Gutsschänke persönlich – Sohn André Bug ist der Weinmacher. Er hat das Winzerhandwerk in renommierten Rheingauer Betrieben gelernt. 5 Hektar bearbeiten die Bugs in Wallufer und Martinsthaler Lagen: 85 Prozent Riesling, 12 Prozent Spätburgunder und auf kleiner Fläche der im Rheingau ungewohnte Sauvignon Blanc werden angebaut. Die Rieslinge überzeugen mit frischer Aromatik und angenehmer Frucht – beim Spätburgunder setzt der junge Weinmacher verstärkt auf Barriquefässer. Mutter Lisa steht in der Küche und bereitet weinstubentypische Gerichte zu, zum Beispiel täglich frisch zubereiteter Kartoffelsalat und Schnitzelchen mit selbst geriebener Panade. Passend zum Almhüttenstil stehen „Bergspezialitäten" wie Südtiroler Bauernspeck, Bündnerfleisch und Schweizer Bergkäse zusätzlich auf der Karte. Auf einer großen Tafel gibt es wechselnde saisonale Angebote. In ihrem kleinen Lädchen bietet die kreative Lisa Bug viele Geschenkideen an: Hausgemachte Liköre, Sirups und Marmeladen sind auch dabei.

TIPP

Selbst gebundene Kränze im Herbst, selbst gebackene Plätzchen in der Weihnachtszeit gibt es im Lädchen.

Bug's Gutsschänke
Mühlstraße 3, 65396 Walluf
Tel. (0 61 23) 7 23 08
www.bugs-gutsschaenke.de

67

Scouts zum Weinglück

Rheingauer Kultur- und Weinbotschafter

Ewald kennt sich in Eltville sehr gut aus und führt die Gäste nicht nur zu Hotspots, sondern auch zu nicht so bekannten Weingütern – zudem kann er Traktorfahrten organisieren. Bernadettes Spezialitäten sind eher Schloss Johannisberg und Plätze im Rheingau, an denen Dichterfürst Goethe weilte. Mit Markus können aktive Besucher Wine-Walks zu Weingütern und Schlössern unternehmen – er ist aber auch Spezialist für vinologische Firmenevents („Lachen mit Weinen!"). Jacqueline wiederum kennt sich in Rüdesheim und Umgebung aus.

Neben den unterschiedlichen Vorlieben haben alle rund 30 Kultur- und Weinbotschafter eins gemeinsam: Sie wissen viel über Weintourismus im Rheingau, haben sogar ein Zertifikat über ihre Fähigkeiten erworben. Und: Sie lieben ihre Heimat. Die muntere Genusstruppe ist eine Art Schnittstelle zwischen Gästen und Winzern. Die Touristen wenden sich erst an die Botschafter und schildern ihre Wünsche – die Experten machen Vorschläge und organisieren die Genusstouren. Ein Klassiker ist zum Beispiel die Schlösser-Tour: eine 9-Kilometer-Wanderung rund um Schloss Vollrads und Schloss Johannisberg, Dauer circa 4 Stunden. Unterwegs schenken die Botschafter zwei passende Weine aus und erzählen Wissenswertes und Anekdoten rund um die Weingüter und die Weinlagen. Oder die Niederwaldtour von Rüdesheim nach Assmannshausen und zurück – inklusive Seilbahnfahrt, Schiffstour und Weinprobe. Die Besucher müssen sich um nichts kümmern und bekommen jede Menge Insider-Geschichten erzählt.

„Unterwegs mit Freunden" lautet das Motto der Botschafter in Sachen Wein – und genauso empfinden es häufig die Gäste. Ganz nebenbei vermitteln die Weinguides Grundkenntnisse des Weinanbaus. Auf den Streifzügen durch die Rheingauer Wein- und Kulturlandschaft führen sie die Touristen zu historisch interessanten Sehenswürdigkeiten und erzählen alles Wissenswerte dazu. Im Gepäck haben die Weinpfadfinder immer eine Vielzahl nützlicher Tipps für Weinentdeckungen in der Region – ebenso wie eine Flasche besten Rheingauer Rieslings.

TIPP
Geführte Terroirwanderung in den Lorcher Weinbergen mit Weinprobe.

Rheingauer Kultur-
und Weinbotschafter
Steinritzweg 7
65396 Walluf
Tel. (0 61 23) 74 02 34
www.rheingauer-kultur-
und-weinbotschafter.de

68

Der edle Wein-Ritter

Weingut von Oetinger in Erbach

Er gilt als „The Special One": Achim von Oetinger baut auf einer langen Familientradition im Weinbau auf, geht aber seinen eigenen Weg – gegen den Mainstream. Seit 1828 betreibt die Familie Weinbau – Achim von Oetinger personifiziert die achte Generation „Ritter und Edler von Oetinger". Mit seiner Begeisterung für Qualität begann der ambitionierte Weinmacher 2008 quasi „bei null". Anfangs war von Oetinger Außenbetriebsleiter und Kellermeister in einer Person – er hat viel experimentiert, bis er seinen Stil gefunden hat. Heute konzentriert er sich auf den Keller. Der Tüftler hinterfragte im Weingut so ziemlich alles, drehte an vielen Qualitätsschrauben. Die intensive Arbeit hat sich gelohnt: Der Betrieb gehört mittlerweile zu den führenden Weingütern im Rheingau. Von Oetingers Philosophie: „Ein großer Wein wird nicht gemacht, er wächst im Weinberg!" Die Arbeiten im Keller sind für ihn „kontrolliertes Nichtstun". 12 Hektar Weinberge bewirtschaftet er mittlerweile – darunter so berühmte Lagen wie der Erbacher Marcobrunn und der Siegelsberg. Aus dem Marcobrunn kommen auch die höchstbewerteten Rieslinge: die Auslese und das GG – Große Gewächs. Gerade mal 500 Flaschen gibt es jedes Jahr von diesem Spitzengewächs – Achim von Oetinger meint, für diesen großen Wein hatte er „jede Beere mal in der Hand." Auf die strenge Qualitätsauswahl der Trauben achtet er auch bei seinem Weißburgunder und beim Müller-Thurgau. Diese Rebsorten genauso selektiv und sorgfältig auszubauen wie den hochwertigen Riesling, ist eher ungewöhnlich im Rheingau. Der Müller-Thurgau mit dem Namen „Jott" war mehrfach der höchstbewertete dieser Rebsorte in Deutschland.

Zum Weingut gehört ein ansprechendes italienisches Restaurant. Zur mediterranen Küche passen die Rieslinge von Oetinger genauso gut wie die italienischen Rotweine. Das mediterrane Feeling stellt sich besonders im Sommer auf der Sonnenterrasse ein.

TIPP
Im Frühjahr und im Spätherbst können die Weine bei der Jahrgangspräsentation verkostet werden.

Weingut Achim von Oetinger
Rheinallee 1, 65346 Eltville
Tel. (0 61 23) 6 25 28
www.von-oetinger.de

Unterwegs zu Weinmühlen

Mühlenwanderweg im Elsterbachtal

Den Rheingau verbinden Besucher vor allem mit Weingütern und weniger mit klappernden Mühlen. Dabei hat das eine direkt mit dem anderen zu tun: Bäche aus dem Rheingau-Gebirge plätschern in den Tälern zwischen den Weinbergen hinunter zum Rhein. Und die Mühlenbesitzer betreiben auch Weinbau – bis heute. Der Mühlenwanderweg in Johannisberg erlaubt einen genussfreudigen Rundparcours zu mehreren Weingütern.

Nördlich von Stephanshausen entspringt der kleine Elsterbach und mündet bei Winkel in den Rhein. Einst gab es hier aktive 18 Mühlen. Ausgangspunkt für die beiden Schleifen des Mühlenwanderwegs ist das Hotel Kloster Johannisberg. Die 4,8 Kilometer lange Runde durch die Weinberge führt nach Winkel – das Logo des Mühlenwanderwegs ist für diese Strecke gelb markiert. Im Frühjahr und Herbst bietet sich eine Einkehr in der Straußwirtschaft in der 1589 erbauten Krayers Mühle an. Die grün markierte Waldrunde ist ein 7,3 Kilometer langer Rundweg und führt über das Kloster Marienthal. Die Schamarimühle am Ausgangspunkt gegenüber dem Kloster Johannisberg betreibt Weinbau auf 5 Hektar. Bei den Weißweinen dominiert der Riesling – aber auch Chardonnay ist im Angebot. Interessant sind die Rotweine – zum Beispiel der Spätburgunder Johannisberger Hölle mit dem Namen „Scha-To-Marie". Für Events wie „Musik im Garten" ist das Weingut geöffnet.

Ein paar Kilometer weiter erreichen die Wanderer den Gutsausschank der idyllisch gelegenen Ostermühle. Die 1704 vom Grafen von Ostein erbaute Sternmühle wurde um 1800 an Christian Ostern verkauft, seit 1869 befindet sich die Mühle im Besitz der Familie Daniel. Hier sitzt man im Innenhof und innen sehr urig – die Familie kümmert sich sehr herzlich um ihre Gäste. Man hat das Gefühl, „weit draußen" auf dem Land zu sein. Die trinkfreundlichen Weine des Weinguts sind Rieslinge und Spätburgunder aus Geisenheimer und Oestricher Lagen. Der Gutsausschank in der Schleifmühle aus dem Jahre 1629 ist ganzjährig geöffnet.

TIPP
Die Ostermühle bietet eine geführte Mühlenwanderung mit Weinprobe an.

Ausgangspunkt
Kloster Johannisberg
Badpfad 1, 65366 Geisenheim
www.geisenheim.de/kultur-
tourismus/aktiv/wandern/
muehlenwanderweg/

70

Ganz schön Crass

Weingut Crass in Erbach

Was ein aufstrebender Jungwinzer alles erreichen kann, zeigt sich im Weingut Crass: Weinberge dazugekauft, an der Qualitätsschraube gedreht, Profis für den Gutsausschank engagiert. Ganz schön Crass: Der attraktive Erbacher Fachwerkgutshof mit Schmuckerker aus dem 17. Jahrhundert ist seit der Übernahme des Weingutes 2014 durch Matthias Craß die perfekte Residenz für das Familienweingut. Ein zauberhaft gemütlicher Ort inmitten von Erbach.

Seit 400 Jahren ist die Familie im Rheingau bekannt: Karl Crass erwarb 1873 in Eltville eine Burg – der Gastronomiebetrieb am Rhein heißt heute noch Burg Crass. Nach Stationen in verschiedenen renommierten Rheingauer Betrieben sorgt der Jungwinzer, nun im eigenen Betrieb, für Aufmerksamkeit in der Region: Die Weinbergsfläche hat er von 5 auf 9 Hektar erweitert. Von der Weinkritik hochgelobt werden der Riesling feinherb Alte Reben aus dem Erbacher Siegelsberg und das Erste Gewächs aus derselben Lage. Sehr weich mit klaren Aromen schmeckt der trockene Grauburgunder Erbacher Michelmark, der Spätburgunder Erbacher Siegelsberg ist ein „Verführwein".

Seit 2016 betreuen die erfahrenen Weingastronomen Denis und Claudia Rook den Gutsausschank. „Lief von Anfang an richtig gut!", freut sich der Kochprofi, der sein Handwerk in Wiesbaden in der Ente vom Lehel bei Könnern wie Hans-Peter Wodarz und Patrik Kimbel gelernt hat. Auf der Speisekarte lockt von Westfälische Dicke Bohnen über Hirschbraten bis zum Feldsalat Räucherlachs die saisonale Vielfalt. Natürlich sind auch typische Straußwirtschaftsgerichte wie Spundekäs, Winzersteak (sehr gut) und das Woihinkelche (Wein-Hähnchen) vertreten. Attraktiv auch die große Auswahl an fleischlosen Gerichten – ebenso wie das verlockende Dessertangebot: Das hat Restaurantqualität, ohne dabei den bodenständigen Charakter zu verlieren. Innen genießen die Gäste in historischen Räumen, reduziert stilvoll restauriert. Im Sommergarten unter schattigen Platanen sitzt man erhöht über der Straße ebenfalls sehr lauschig.

TIPP
Ein Besuch in der modernen Vinothek lohnt sich: Alle Weine können verkostet werden.

Weingut Crass
Taunusstraße 2, 65346 Erbach
Tel. (0 61 23) 9 34 89 60
www.weingut-crass.de

Dem Weinbergshimmel so nah
Das Rebenhaus in Rüdesheim

Wie ein Balkon im steilen Weinberg schmiegt sich das Rebenhaus oberhalb der Weinlage Rüdesheimer Berg Drachenstein in die Landschaft. Die Position unterhalb des berühmten Niederwalddenkmals ist kein Zufall: Das Gebäude wurde um 1880 zeitgleich mit dem Niederwalddenkmal erbaut. Die Besucher fuhren damals noch mit der Zahnradbahn vom Rhein hoch zum Niederwald, erfreuten sich an der grandiosen Aussicht auf den Rhein und die Nahemündung. Dazu genossen sie Kaffee und Kuchen in dem als Konditorei und Café geführten Haus. Später firmierte der besondere Ort unter dem Namen „Knusperhäuschen" und entwickelte sich zu einem beliebten Ausflugslokal.

Neueröffnung 2017: Drei Rüdesheimer sanierten das traditionsreiche Haus und hauchten ihm neues Leben ein. Nach wie vor ist die großzügige Terrasse mit dem atemberaubenden Blick das Highlight. Die Speisekarte entspricht einer typischen regionalen Ausflugsküche – mit hausgemachtem Spundekäs, Grüner Sauce, Wildbratwurst und Schnitzel. Auf der Weinliste finden sich die Weine, die in Sichtweite wachsen: Rüdesheimer Berg Rottland, Drachenstein, Klosterberg. Besonderen Raum nehmen die Rieslinge und Spätburgunder des hauseigenen Weingutes Adolf Störzel ein. Die Gutsschänke des Weingutes liegt genau an der Trasse der alten Zahnradbahn, die von 1884 bis 1939 in Betrieb war. Seit 1954 überwindet eine Seilbahn die über 200 Meter Höhendifferenz.

Um zum Rebenhaus zu gelangen, gibt es verschiedene Möglichkeiten. Die beliebteste ist wohl die, mit der Seilbahn hochzufahren und dann von der Bergstation die kurze Treppe hinunterzugehen. Es gibt aber auch einen Parkplatz an der Bergstation. Viele Besucher nehmen die sportliche Variante: Die Wanderung von Rüdesheim hoch zum Rebenhaus, kurz davor führt eine Treppe durch den Weinberg direkt zum Restaurant. Besucher können in vier Ferienwohnungen, drei mit eigener Terrasse, übernachten. Ein besonderes Erlebnis: Nachdem das Restaurant um 19 Uhr schließt, kann man die herrliche Aussicht ungestört mit einem leckeren Gläschen Wein genießen.

TIPP
Ab zwölf Personen führt Winzer Adolf Störzel im Bassenheimer Hof in Rüdesheim Weinproben durch.

Das Rebenhaus
Am Niederwald 2
65385 Rüdesheim
Tel. (0 67 22) 4 96 70 60
www.das-rebenhaus.de

72

Winzersekt aus Erster Lage
Wein- und Sektgut Barth in Hattenheim

Welche Spitzenqualitäten in der Rubrik Winzersekt möglich sind, zeigt die Familie Barth seit Jahrzehnten sehr eindrucksvoll. Schon zu Beginn der 90er-Jahre gehörte Norbert Barth zu den Pionieren des „Deutschen Sektwunders": Das Cuvée Ultra Extra Brut wurde 1994 vom Gault Millau zum Sekt des Jahres gekürt.

Senior Norbert Barth hat seit Jahrzehnten Freude an dem Produkt Sekt. Das 22 Hektar große Weingut verfügt über sehr gute Hattenheimer Lagen wie Wisselbrunnen, Schützenhaus und Hassel. Zu über 80 Prozent wird Riesling angebaut – die übrigen Rebsorten, Spätburgunder, Weißburgunder, Scheurebe und Cabernet Sauvignon, runden das Rebsortiment ab und eignen sich hervorragend für die Versektung.

Hier rüttelt der Hersteller noch selbst: Barths bauen die Sekte nach der traditionellen Methode selbst aus – sie bleiben mindestens 24 Monate auf der Hefe, der Spitzensekt Ultra 60 Monate. Die Schaumweinmacher bestimmen selbst, wann die Sekte degorgiert werden, also die Hefe aus der Flasche entfernt wird. Degorgiert wird einmal pro Quartal, je nach Verkauf – so erhalten die Kunden immer frische Ware. Frisch wie der Pinot Ultra brut nature: Er schmeckt sehr gefällig, harmonisch, weinig und cremig. Die Riesling brut nature Lagensekte Schützenhaus und Hassel sind hochbewertete Spitzensekte in der gehobenen Preiskategorie – man schmeckt den typischen Rheingauer Riesling, knackig mit feiner Frucht. Sehr komplex, vielschichtig, der Sekt für den besonderen Anlass.

Der Leidenschaft für den prickelnden Wein hat sich auch die aktuelle Besitzergeneration Mark und Christine Barth verschrieben. Die Qualität kommt nicht von ungefähr und resultiert aus engagierter Arbeit im Weinberg. Bevorzugt ernten Barths in Handlese reife Trauben in hoher Kabinett-Qualität. Wie beim Champagner vorgeschrieben keltern sie in Ganztraubenpressung. Sehr empfehlenswert sind auch die „Stillweine" des Weinguts: Vom Gutswein bis zum Großen Gewächs überzeugen die Rieslinge. Ein Besuch in der ausgezeichneten Vinothek des Weinguts lohnt sich.

TIPP

Sabrierworkshop: Mark Barth erklärt Sektfreunden, wie Sektflaschen mit dem Säbel entkorkt werden.

Wein- und Sektgut Barth
Bergweg 20, 65347 Hattenheim
Tel. (0 67 23) 25 14
www.weingut-barth.de

Die Farben des Weines

Weinerlebniswelt im Weingut Allendorf

Wein sinnlich erfahren – in der Wein.Erlebnis.Welt des Familienweinguts Allendorf gelingt das auf faszinierende, originelle Weise. In der ehemaligen Lagerhalle wachsen echte Rheingauer Rebstöcke auf unterschiedlichen Böden. Im Wein-Parcours der Sinne können die Besucher an 19 Aromasäulen die im Wein vorkommenden Aromen in Reinform erschnuppern. Der Familienbetrieb zeigt im angrenzenden Weinkeller anschaulich, wie Wein ausgebaut wird und wie die alltägliche Arbeit im Keller abläuft. Für Rotweinfreaks ist die Rotwein.Erlebnis.Welt eine Offenbarung: Die komplexe Herstellung von Rotwein wird verständlich erklärt.

Wie genießt man Wein perfekt? Dabei hilft der faszinierende Höhepunkt des Parcours der Sinne in der Farberlebniswelt: Die Weinfreunde probieren denselben Wein in unterschiedlichen Farbstimmungen. In dem reinweißen Raum wechseln die Farben zu Rot, Gelb, Grün und Blau – und zur Verblüffung der Besucher schmeckt der Wein jedes Mal komplett anders.

Das größte Familienweingut im Rheingau gehört den Geschwistern Christine Schönleber und Ulrich Allendorf. Häufig führt Uli Allendorf persönlich in seiner Comedy-reifen Art durch die Farbwelt. Die Tour endet in der Vinothek des Weingutes: Das frisch erlernte Weinwissen können die Besucher direkt in der Praxis anwenden. Die Weinkarte ist ausgesprochen umfangreich – rund 70 Hektar Weinberge in den besten Lagen von Assmannshausen bis Winkel bewirtschaftet der Familienbetrieb. Die beeindruckende Kollektion an ausgezeichneten Tropfen reicht vom Raffinesse-Sekt (Cuvée aus Chardonnay, Spätburgunder und Riesling) über frische Rieslinge in allen Geschmacksstufen bis hin zu perfekten Spätburgunder-Rotweinen aus hochwertigen Assmannshäuser Lagen. Das Preis-Leistungs-Verhältnis ist dabei ausgesprochen trinkfreundlich.

TIPP

Im Mai und Mitte September bis Mitte Oktober hat die Straußwirtschaft im Hof des Weinguts geöffnet.

Weingut Fritz Allendorf
Georgshof, Kirchstraße 69
65375 Oestrich-Winkel
Tel. (0 67 23) 9 18 50
www.allendorf.de

Anna, wer ist diese Anna?

Gutsausschank Hirt-Gebhardt in Martinsthal

Elke Gebhardt ist eine leidenschaftliche Köchin. Sie hat in „Sternstunden", Kochkursen mit Sterneköchen, viel gelernt und immer dafür gesorgt, dass im Gutsausschank Hirt-Gebhardt überdurchschnittlich leckere Gerichte serviert wurden. Jetzt hat Tochter Anna die Küche übernommen – die steht ihrer Mutter in nichts nach. 2014 gewann Elke den Preis für den besten Rheingauer Spundekäs – Anna gewann den Preis 2019. Die leidenschaftliche Köchin hat ihr Handwerk in Berlin gelernt – bei ihrer Mutter verfeinerte sie die ambitionierte Art der Gutsschänkenküche. „Annas Cuisine" zielt auf die Harmonie von Essen und Wein. Neben üblichen Gerichten wie Spundekäs und Rumpsteak zählen orientalische Falafel, Schmorgerichte und vor allem der vielgerühmte Pulpo zu ihren Spezialitäten. In der Weinstube sitzt man gemütlich: Dunkles Holz, Bruchsteine und ein offener Kamin sorgen für Atmosphäre. Annas Mann Ömrüm Nasuhbeyoglu kümmert sich aufmerksam um die Gäste.

Für die perfekten Weine an diesem Wohlfühlort sorgt Annas Bruder Christian: Er ist mit seiner Familie in den Eltviller Sonnenberg ausgesiedelt. 23 Hektar Weinberge bearbeiten die Gebhardts: Riesling und Spätburgunder aus Martinsthaler, Wallufer, Rauenthaler und Eltviller Lagen. Besonders beliebt ist der Rote Riesling Mia Lou feinherb – die Urform des Rieslings hat eine rote Traubenhaut, ist aber ein Weißwein. Der kräftige Wein mit ausdrucksvollen Aromen hat viel Frucht und wenig Säure. Ebenso herausragend ist der Spätburgunder C7: Ein kräftiger Rotwein, der durch 17 Monate Lagerzeit im Barrique mit einer angenehmen Holznote im Abgang schmeichelt. Die junge Generation des aufstrebenden Betriebs hat übernommen und entwickelt Dynamik. Der moderne Betrieb in Eltville verfügt ebenfalls über eine schöne Vinothek. Bei vielen Veranstaltungen wie Grillfesten und After-Work-Treffen unter der Woche genießen die Gäste auf der Terrasse den schönen Blick auf Eltville – ein zweiter Wohlfühlort der Familie.

TIPP
WINENACHTSZEIT in der Vinothek mit hauseigenem Glühwein, Kinderpunsch, Bratwurst oder Suppe.

Gutsausschank Hirt-Gebhardt
Lehrstraße 11, 65344 Eltville
Tel. (0 61 23) 7 41 03
www.hirt-gebhardt.de

Buntes Genussland

Y Wine & Kitchen in Eltville

Der Rheingau kann auch bunt – die Weinwelt muss gar nicht immer nur grün und braun sein! Und das Ambiente im Wein- und Gourmetrestaurant Y Wine & Kitchen ist wirklich sehr bunt: Flamingo-Design mit warmen Samtelementen – genauso bunt wie die Ausstattung der Y Weine. Ahmet Yildirim ist, jedenfalls nach eigener Aussage, „Deutschlands einziger türkischer Winemaker und Sommelier". Der Winzer arbeitete als Sommelier in Europa und Australien und auch als Betriebsleiter im Weingut Trenz. Zusammen mit seiner Frau Simone Schiller-Yildirim, ebenfalls Sommelière, eröffneten sie das Y zuerst als Pop-up-Restaurant in Eltville. Der Versuch war erfolgreich: Mittlerweile gibt es ein zweites Restaurant Y in Wiesbaden.

„Purer Trinkgenuss auf Höchstniveau!", lautet das Credo der eigenen Y Weinmanufaktur. Das Konzept: Die Yildirims produzieren und bauen als „Flying Winemaker" zusammen mit Partner-Weingütern hochwertige Weine in den Kellereien der Weingüter aus. So entstehen ihre ganz eigenen Kreationen von Riesling bis Sauvignon Blanc, bis hin zu Rosé, Rot- und Schaumweinen. Ihr Portfolio umfasst rund 25 verschiedene Weine aus dem Rheingau, Rheinhessen und der Pfalz. Der türkische Sommelier achtet auf sortenbezogene Aromenvielfalt – die Weinauswahl ist sozusagen eine maßgeschneiderte Kollektion. Qualität heißt für ihn: „Lust auf ein zweites Glas." Die Weine entsprechen dem unkomplizierten Lebensgefühl der Generation „Y" – den Menschen, die von Anfang der 80er bis Ende der 90er geboren wurden. Das Konzept von Ahmet Yildirim zielt auf ein generationenübergreifendes, emotionales Weinerlebnis ab, das sich deutlich von der traditionellen Rheingauer Gutsschänkenkultur abhebt. Ein Lifestylekonzept als Gesamtpaket: eine moderne gehobene Küche mit türkischen Elementen, trendige Weine von angesagten Rebsorten, stylisches Design und Ambiente. Die Yildirims sind flexibel: In ihrem Restaurant stehen auch Flaschenweine von anderen Winzern auf der Karte.

Das mutige Konzept Y ist eine echte Bereicherung der weltoffenen Rheingauer Weinkultur.

TIPP

Das „Tasting Colours Menü" probieren – hat seinen Preis, lohnt sich aber.

Y Wine & Kitchen
Rheingauer Straße 22
65343 Eltville
Tel. (0 61 23) 7 09 65 63
www.y-wineandkitchen.com

Unter Weinrevoluzzern

Weingut Bibo Runge in Hallgarten

Der Mut eines berühmten Rheingauers dient als Blaupause für einen Weinmacher und einen Wein: Der Hallgarter Adam von Itzstein war im 19. Jahrhundert ein wichtiger Wegbereiter der deutschen Demokratie. Damals galten Liberale als Revoluzzer – Markus Bonsels und Monika Eichner greifen die Geschichte auf und produzieren in ihrem Weingut einen „Riesling Revoluzzer Großes Gewächs".

Wenn auch nicht revolutionär, aber durchaus ungewöhnlich verlief die berufliche Entwicklung des Niederrheiners Markus Bonsels. Trotz seiner erfolgreichen Konzernkarriere stellte sich die Frage nach einer neuen Herausforderung: Die mutige Antwort des leidenschaftlichen Weinfreundes war ein Weinbaustudium mit Master in Montpellier, Bordeaux und Geisenheim. Seit 2017 setzt er das Erlernte im eigenen Weingut um und sorgt für Furore in der Rheingauer Weinszene.

Im Weinberg und im Keller gelten im Weingut hohe Maßstäbe: Es werden keine chemischen Unkrautbekämpfungsmittel eingesetzt, die Trauben werden per Hand gelesen und sortiert. Die schonende Pressung in einer Korbpresse und der langsame Ausbau im großen Holzfass gehören zum Qualitätsanspruch der „Jungwinzer". Nachhaltigkeit im ganzen Betrieb ist ein großes Anliegen von Markus Bonsels: Das Weingut ist Mitglied bei FAIR'N GREEN und wurde 2021 als besonders nachhaltiges Weingut zertifiziert.

Die Weine heißen Romantiker, Revoluzzer, Deserteur, Achtzehn48, ein Sekt heißt Provokateur: Die Geschichte der Freiheitskämpfer des 19. Jahrhunderts bleibt lebendig. Das Weingutswappen auf den Flaschenetiketten zeigt den Freiheitsbaum: In Hallgarten wurde Anfang des 19. Jahrhunderts der erste im Rheingau aufgestellt. Das Revoluzzer-Feeling stellt sich wie von selbst ein, wenn man den Wein im historischen Gartenhaus mitten in den Weinbergen genießt. Hier bereitete Freiheitskämpfer Adam von Itzstein vor 190 Jahren mit dem Hallgartener Kreis die erste Nationalversammlung von 1848 vor: ein perfekter Ort, um Pläne zu schmieden.

TIPP

Individuelle Weinprobe mit Markus Bonsels (ab zehn Personen) im Revoluzzer-Gartenhaus buchen.

Weingut Bibo Runge
Eberbacher Straße 5
65375 Oestrich-Winkel
Tel. (0 67 23) 9 98 69 00
www.bibo-runge-wein.de

Bibliografische Information der Deutschen Nationalbibliothek
Die Deutsche Nationalbibliothek verzeichnet diese Publikation
in der Deutschen Nationalbibliografie; detaillierte bibliografische
Daten sind im Internet über http://dnb.d-nb.de abrufbar.

© 2023 Droste Verlag GmbH, Düsseldorf
Konzeption/Satz: Droste Verlag, Düsseldorf
Einbandgestaltung und Illustrationen: Britta Rungwerth, Düsseldorf,
unter Verwendung von Bildern von © stock.adobe.com: Tsvetina
Fotos: Wolfgang Junglas, außer Abtei Kloster St. Hildegard: S. 53; Ulrich
Bachmann: S. 95; Wolfgang Blum: S. 37; Breuer's Rüdesheimer Schloss:
S. 105; Bug's Gutschänke: S. 147; Das Rebenhaus: S. 157; Sabine Fladung:
S. 135; Freundeskreis Brentano Haus: S. 17; Geisenheimer Weinbauverein:
S. 123; Gutsausschank Hirt-Gebhardt: S. 163; HA Hessen Tourismus: S. 39;
Oliver Hebel: S. 73; Hochschule Geisenheim University: S. 81; Rheingau 524
Camping: S. 11; Keller & Kunst Kontor: S. 139; Kloster Eberbach: S. 13, 25;
Ansgar Klostermann: S. 27; Ludwig von Kapff Weinlager: S. 119; Magistrat
der Stadt Lorch am Rhein: S. 129; Restaurant Krug: S. 93; Restaurant Y: S. 165;
RheingauSport Marcus Blenke: S. 77; Rheingau Taunus Kultur/Woody
Herner: S. 91; Schloss Vollrads: S. 79; Sekt- und Weinkellerei Reuter & Sturm:
S. 45; Sektmanufaktur Schloss Vaux: S. 143; VDP Rheingau: S. 113; Weingut
Achim von Oetinger: S. 151; Weingut Baron Knyphausen: S. 47; Weingut
Bibo-Runge: S. 167; Weingut Carl Ehrhard: S. 127; Weingut Corvers-Kauter:
S. 23; Weingut Crass: S. 155; Weingut Diefenhardt: S. 29; Weingut Dillmann:
S. 31; Weingut Fritz Allendorf: S. 15, S. 161; Weingut Georg Müller Stiftung:
S. 35; Weingut Goldatzel: S. 43; Weingut Hamm: S. 141; Weingut Jung-
Dahlen: S. 109, Weingut Kaufmann: S. 21, S. 49; Weingut Keßler: S. 97;
Weingut Klostermühle: S. 133; Weingut Koegler: S. 83; Weingut Mitter-
Velten: S. 71; Weingut Spreitzer: S. 121; Weingut Trenz: S. 145; Weingut
Wurm: S. 111; Weinhof Martin: S. 11; Wein- und Sektgut Barth: S. 159;
Weinstrand: S. 9; wineBANK Rheingau: S. 107; Klaus Wolter: S. 149;
www.stock.adobe.com: S. 19 (Alice_D), S. 54 (Africa Studio),
S. 115 (rh2010), S. 137 (Kara)
Druck und Bindung: LUC GmbH, Greven

ISBN 978-3-7700-2422-3
www.droste-verlag.de